MA VIE
ENTRE PARENTHESE

Nathalie Seguin

MA VIE ENTRE PARENTHESE

Autobiographique

© 2021 Nathalie Seguin

Édition : BoD – Books on Demand,
12/14 rond-point des Champs-Élysées, 75008 Paris
Impression : BoD - Books on Demand, Norderstedt,
Allemagne

ISBN : 978-2-3221-8208-4
Dépôt légal : Décembre 2021

Pour Rachelle, Alain

et tous ceux qui sont partis du cancer

20 mai 2015

Résultats

Aujourd'hui, je sais, ne sera pas une bonne journée, les résultats que j'attends vont changer le cours de ma vie et celle de mes proches. Triste parce que je vais devoir annoncer de mauvaises nouvelles à ceux que j'aime.

Le 6 mai, j'ai du passé une biopsie pour analyser la grosseur que j'avais dans mon sein droit. Là j'ai su dès les premiers prélèvements, que les résultats dans dix jours ne seraient pas bons. J'ai fait bonne figure auprès de mes proches pour ne pas les inquiéter, mais au fond de moi je commençais le combat que j'allais devoir faire pendant un long moment pour lutter contre cette maladie le CANCER.

JE SUIS PRETE.

Même si je m'y étais préparée, l'annonce des résultats a été super violant comme un mur en pleine figure. Un uppercut en pleine tronche, mes jambes se sont mis à trembler et là mon monde venait de s'écrouler.

J'ai envoyé un message à mon mari et à ma sœur parce que je n'arrivais plus à parler.

Plus aucun son ne sortait de ma bouche,qui s'était serrée pour ne s'ouvrir que bien plus tard pour hurler ma colére et ma douleur.Je suis partie de là complètement vidée, inquiète de savoir comment j'allais annoncer ce tsunami qui allait nous débouler dessus, des larmes coulaient sur mes joues et je ne pouvais rien y faire.

Je suis restée un bon moment assise dans ma voiture pour reprendre mes esprits avant de prendre la route j'ai roulé en direction de chez ma soeur et je ne sais même pas comment je suis arrivée devant sa porte, je n'ai aucun souvenir de mon trajet.

Je me suis effondrée dans ses bras et ceux de ma nièce et je ne pouvais plus m'arrêter de pleurer. Tout mon monde s'écroulait ainsi que tous mes repères, mes jambes ne me tenaient plus, je manquais d'air, je voulais hurler. Le ciel venait de nous tomber sur la tête. Ma colère montait de plus en plus. Mon mari m'appela pour venir aux nouvelles et je n'arrivais même pas à lui parler sans pleurer, il a quitté son travail pour venir me rejoindre chez ma soeur.

POURQUOI: ce fichu mot raisonne dans ma tête j'ai l'impression qu'elle va explosée

Toute l'après midi, j'étais comme un volcan prêt à rentrer en éruption. Il fallait que cette colère sorte je ne pouvais plus la contenir. Alors une fois arriver chez moi là, où je me sentais en sécurité, je me suis mis à hurler, à exploser, à crier, à pleurer. Mon mari m'a pris dans ses bras où je me suis sentie en sécurité et j'ai commencé à me calmer et à partir de ce jour- là quand je sentais la colère m'envahir je me blottissais dans ses bras pour me calmer.

L'annonce à mes enfants a été terrible, j'ai eu l'impression d'avoir lâché une grenade dans leur coeur pour le faire exploser en mille morceaux. Ce maudit cancer nous poursuit et s'accroche à nous comme une sangsue qui aspire notre bonheur, nous avons déjà donné, mon fils avait eu une leucémie alors qu'il n'avait que cinq ans.

Pour ce qui est de la maladie, j'ai confiance et je ne suis pas inquiète parce que je vais être suivie et pris en charge à l'institut Bergonié les spécialistes des cancers.

28 MAI 2015   Matin

IRM

Le réveil ce matin n'est pas bon, pas bien dormi, ventre noué, gorge serrée, cerveau en ébullition, mais rassurée mon mari, mon amour est avec moi pour aller passer cet examen.

Nous sommes arrivés au centre de radiologie où je dois passer un IRM. Je sais tout au fond de moi ce que l'on va m'annoncer, de mauvaise nouvelle, j'ai un mauvais pressentiment.

L'attente est longue, nous sommes tous là nos visages fermés, attendant d'aller passer nos examens. C'est mon tour, j'embrasse mon mari pour me donner du courage parce que je sais qu'à mon retour les résultats seront négatifs et catastrophiques.
Deux infirmières viennent me chercher et me prennent en charge tout en m'expliquant comment l'examen va se dérouler. Elles me mettent une perfusion qui est rélié à une seringue dans laquelle est le produit que j'ai emmené, me disent que l'examen va durer un quart d'heure et que je ne dois surtout pas bouger pendant toute la durée de l'examen, me mettent un casque sur les oreilles parce que la machine

fait énormément de bruit et effectivement cette machine, c'est l'horreur pour les oreilles, certains bruits sont plutôt angoissants.

L'examen est terminé, on me demande de patienter afin de voir un médecin. PAS BON. Comme je l'avais pré-senti je dois faire en plus une échographie parce que l'IRM a détecté une autre tumeur. En fait je n'ai pas une mes deux tumeurs dans le sein.

Le choc est violant, mais je commence à m'habituer aux mauvaises nouvelles pas une larme ne coule. Je sais que l'après midi à Bergonié va être terrible, on va m'annoncer qu'il faut me retirer mon sein malade.

POURQUOI ce mot revient dans ma tête, une tumeur n'étais pas suffisante il en fallait une deuxième.

Vite rentrer chez moi dans ma maison où je me sens en sécurité partir de cet endroit où tout à commencé, chaque fois que je suis venue ici c'était pour entendre du mauvais, du négatif. J'ai besoin de me retrouver, de me ressourcer dans mon nid pour affronter l'après midi qui nous attend à Bergonié.

28 Mai 2015 Aprés midi

BERGONIE

Ma fille Justine et mon beau-fils Mathieu sont venus nous retrouver à la maison, ils voulaient tous les deux nous accompagner au rendez-vous important qui nous attendait à Bergonié. Avec mon mari, nous avons beaucoup apprécié ce geste de leur part.

Nous nous sommes installés dans le jardin pour discuter et boire un café, nous essayons tant bien que mal de détendre l'atmosphère, nous savons très bien que cet après midi va changer le cours de notre vie à tous. Le moment est venu de prendre la route pour partir à Bergonié. Dans la voiture par moment de grand silence, chacun réfléchis de son côté, mais aussi des rires pour chasser ces silences par moment pesants. Mon mari ne m'a pas lâché une seconde pendant tout le trajet, toujours une main posée sur la mienne ou sur ma jambe.

Arrivée à Bergonié, j'ai les mâchoires serrées, les mains moites, je fais de l'apnée et le temps s'est arrêté. Nous arrivons à l'étage pour passer devant une secrétaire pour lui donner tous mes papiers pour qu'elle puisse m'enregistrer pour mon rendez-vous. Je m'installe devant elle, lui donne mes papiers machinalement et j'écoute sans écouter, je n'ai pas envie d'être là. Nous montons au troisième étage, c'est ici que tout va se jouer

L'attente est interminable, je trépigne sur ma chaise fait que bouger, je me lève , je m'assois bref, c'est très compliqué pour moi de rester là, j'ai une folle envie de partir , de m'enfuir et je dis même à mon mari vient on rentre à la maison je ne veux plus rester ici, il me prend dans ses bras et me dit tout doucement tu sais très bien que c'est tout simplement impossible.

Une heure trente d'attente, j'ai eu l'impression d'avoir attendu toute une journée.

Nous devons passer devant le COMITE DU SEIN sur le moment cela m'a fait sourire et je me suis même imaginé passer devant pleins de seins derrière un bureau pour m'interroger; complètement débile, mais cela m'a détendue et m'a redonné le sourire pendant quelques secondes. La réalité m'est vite revenue en pleine figure quand j'ai entendu mon nom. Nous avons été accueillis par trois médecins et un jeune étudiant, une chirurgienne, une oncologue, une radiothérapeute, trois femmes aux regards doux et compréhensifs, j'étais rassurée d'être prise en charge par ses femmes, je savais qu'elles allaient prendre soin de moi et être à l'écoute de mes craintes et celles de mon mari. Elles nous ont expliqué la forme de mon cancer que j'avais, un cancer dit hormonal rien de trop méchant parait-il. C'est soi- disant un cancer qui se développe tout doucement et peut être volumineux, mais pas méchant. L'oncologue me glisse, il vaut mieux un volumineux et pas méchant qu'un petit teigneux et agressif. Whaou la chance le mien a été pris à temps, la pression redescend un peu, mais mes mâchoires sont encore bien serrées. Ensuite je les ai suivis dans une salle de soin en laissant mon mari tout seul avec ses doutes et ses questions. A tour de rôle, elles m'ont ausculté, palpé, questionné, parlé entre elles et moi pendant ce temps mes doutes se confirmaient. Je me suis rhabillée et je suis partie rejoindre mon mari qui nous attendait silencieusement dans le bureau d'à côté.

Quand elles sont arrivées dans la pièce, j'ai vu tout de suite dans leur regard qu'elles allaient m'annoncer à ce que je mettais préparer MASTECTOMIE. Je voulais leur crier, ok qu'on lui coupe la tête maintenant tout de suite, mais je suis restée là assise sur ma chaise sans bouger aucun son ne sortais de ma bouche, j'étais foudroyée. De suite, elles m'ont rassuré parce que je devais faire une sale tête, je devais être toute décomposée. C'étais la meilleure des solutions pour moi, pour me soigner et pas guérir on ne guérit jamais tout à fait quand on a un cancer. La chirurgienne a pris la parole pour me dire que c'était elle personnellement qui allait m'opérer tout en m'expliquant les examens que je devais passer avant l'intervention.

Mon mari a pu poser ses questions et dire ce qu'il avait sur le coeur et moi j'ai eu besoin de leur dire que je m'y étais préparer comme pour les soulager de m'avoir dit ce mot terrible que toutes les femmes redoutent quand on parle du cancer du sein. Mais c'est vrai que je m'y étais préparée depuis mon IRM du matin je savais. J'avais l'impression que c'étais moi qui étais en train d'écrire mon histoire.

Quand nous sommes sortis de la salle, j'ai vu ma fille et mon beau-fils qui nous attendaient, je me suis avancée vers eux et je leur ai déposé un baiser du bout des lèvres sur leurs joues comme pour les rassurer de ce que l'on allait leur annoncer. Quand tous ces mots sont sortis de ma bouche, j'ai vraiment réalisé ce qui nous attendait et je me suis écroulée en pleure en plein milieu du couloir, obliger de m'assoir mes jambes ne me tenaient plus fauchée en plein parcours.

Sur la route du retour mes larmes roulaient sur mes joues, je laissais couler ma tristesse que j'avais longtemps retenue, mais avec cette annonce je prenais vraiment conscience de ce qui m'attendait j'avais espéré au fond de moi qu'il s'était trompé et que ce n'étais qu'un mauvais cauchemar et que j'allais me réveiller.

Dans ma tête je me transformais déjà en guerrière.

Et commançait le combat qui allait se dérouler pendant un bon bout de temps.

4 JUIN 2015

BAD DAY

Aujourd'hui je me suis levée avec un gros et lourd cafard, il m'a tenu la jambe toute la journée. Super difficile même avec mes petits que je garde autour de moi, oui je suis assistante maternelle et mes petits ce sont mes petits rayons de soleil dans ce cauchemar.

L'attente est longue, trop longue j'aimerais qu'on lui coupe la tête, là maintenant, de suite qu'il me laisse tranquille moi et les miens. Je vis avec cette chape de plomb au-dessus de ma tête et c'est de plus en plus dur à tenir. Je sais il va y avoir d'autres moments comme celui-ci qui vont revenir, il va falloir que je m'y habitue ce n'est que le début.

POURQUOI ce fichu mot revient mettre la pagaille dans ma tête qui me fait mal à force de réfléchir elle va finir par exploser. Je n'ai pas peur de ce qui m'attends, mais je suis toujours en colère au fond de moi, je n'arrive toujours pas à accepter que cela puisse m'arriver à moi. Il va falloir que j'accepte tout cela pour que je puisse arriver à avancer correctement dans mon combat sinon cette colère me prendra toute mon énergie et ma force et je ne serais plus d'attaque pour affronter ce crabe qui me dévore de l'intérieur. Mon volcan, c'est réveillé ce matin et m'a consumé sans relâche toute la journée, je brule et me consume de l'intérieur sans pouvoir rien n'y faire, c'est comme ça.

Mais tu ne m'auras pas sale bête de cancer, tu ne museras pas, tu vas peut-être me faire flancher, tomber par moment, mais à chaque fois je me relèverai encore et encore jusqu'à ce que tu disparaisses de ma vie, de notre vie.

Je te dis haut et fort, j'en sortirai vainqueur et toi tu ne seras plus. Sur j'y laisserais des plumes non plutôt mes cheveux mes poils et mon sein, mais je serai encore debout alors que toi tu seras parti, décapité. Tu m'as pris cette journée et tu m'en prendras d'autres, pas grave il m'en reste tant d'autres à partager avec les miens, je peux t'en céder quelques-unes, car toi tu auras ton point final quand je l'aurais décidée, quand je serai soigné. TIC TAC l'horloge tourne pour toi, il ne reste plus beaucoup de temps dans à peu près un mois, on te coupe la tête définitivement.

Je vais peut-être perdre un sein, mais pas la vie.

Aujourd'hui mes larmes ont beaucoup coulé cela m'a fait du bien, c'est la lave du volcan intérieur qui commence à sortir, il était trop sous pression demain sera un autre jour, un jour après l'autre. Je mène mon chemin pas à pas, à la mesure de mes forces sans aller au-delà.

Arrive finalement ce que je ne croyais pas pouvoir être possible et capable:

Je finis par accepter ce qui est en train de m'arriver

Je me sens FORTE, plus AGRESSEE

Je veux VIVRE

LIBRE d'être différente, hors norme, sans culpabilité, libre de pensée et d'aimer sans craindre de blesser quiconque

La maladie est un avertissement

qui nous est donné, pour nous rappeler l'essentiel

Sagesse Tibétaine

16 Juin 2015

PAS BIEN

Encore un jour sans, mais c'est normal, je dois passer une scintigraphie dans deux jours et cela m'angoisse énormément.

Mon mari me fait rire un peu cela me fait du bien, mais je vois bien qu'il est aussi inquiet que moi je le connais bien.

La journée, je n'y pense pas trop je m'occupe beaucoup pour ne pas trop réfléchir, c'est la nuit que je ne contrôle plus rien, mon cerveau par en live et je ne peux pas l'arrêter, il m'arrive même de me relever la nuit pour m'occuper de façon à ce que mon cerveau se concentre sur autre chose et non pas sur ce fichu examen qui me file la trouille.

La journée je me concentre plus sur, FAIRE LE DEUIL DE MON SEIN. Il est en partance et ne m'appartiendra plus. Je commence à accepter la perte de ce sein que je ne regarde plus, mais je suis confrontée à l'incapacité de me figurer mon corps après. L'opération ne m'inquiète pas, la souffrance non plus , ce sont plutôt la réalité du trou à la place de mon sein et le drain qui n'en finira pas de couler, me scotchant sur mon lit et dans ma chambre d'hôpital où je tournerai en rond comme un lion en cage qui me font peur.

Je suis dans un changement de perspectives constant et ne cesse de voir les choses sous un angle différent.

J'ai mis fin à mon désir de vouloir tout anticiper et contôler, je vis au jours, le jours et profite du moment présent à chaque instant.

Je crois que j'ai découvert une nouvelle maladie: la rage de vaincre.

Foutu cancer, nous avons tous le désir d'une nouvelle voiture, d'un nouveau téléphone, de maigrir et tout un tas de chose encore. Une personne atteinte d'un cancer n'a envie que d'une seule chose: se battre contre la maladie et rester en vie.

Difficile d'exprimer à quelqu'un qui n'a aucune idée de ce que peuvent vivre les gens qui ont une maladie invisible, difficile d'exprimer la souffrance endurée chaque jour.

C'est un combat quotidien en douleur: se sentir malade de l'intérieur pendant que vous avez l'air bien de l'extérieur.

18 Juin 2015

SCINTIGRAPHIE

C'est le jour J, le jour où je vais savoir si le cancer me ronge autre part dans le corps ou s'il est juste concentré dans mon sein. Ma nuit a été plutôt courte comme vous pouvez l'imaginer je ne connais pas du tout cet examen qui me fait peur parce qu'il peut me prendre une autre partie de moi. En fait cet examen sert à voir si d'autres cellules ne sont pas étendues sur mes os. Me tarde de savoir mes résultats.

Je pars le coeur serré en direction de Bergonié avec mon mari, silence radio dans la voiture, chacun réfléchi de son côté. Sur la route mes dents sont tellement serrées que j'en ai mal à la mâchoire. Je sais que cette matinée va être longue pour mes nerfs et l'attente.

Je suis accueillie par un jeune étudiant qui m'explique comment cela va se dérouler. Tout d'abord, il m'emmène dans une petite pièce pour m'injecter ce fameux produit nucléaire qui va permettre de démasquer les cellules et les métastases s'il y en a. Il m'explique le déroulement de l'examen après l'injection, boire un grand verre d'eau toutes les demies-heures pour permettre au produit de se dissiper dans tout mon corps. Ensuite il me dit que l'attente va durer trois heures afin que le produit soit bien présent dans toutes les parties du corps et qu'ensuite je pourrai passer l'examen. C'est long, très long, trop long je me fais chier, pas le droit de sortir avec ce traitement et mon mari n'est pas présent ils lui ont interdit de venir par rapport à la radiation du produit. Je discute avec un petit papi qui est arrivé après moi, on plaisante un peu pour passer le temps et détendre l'atmosphère à chaque fois que l'on doit boire, on trinque avec nos verres d'eau en se disant et un de plus, nous avons bien rigolé, mais à l'intérieur cela bouillonner d'inquiétude.

Trois heures passent, c'est mon tour, je dis au revoir au petit papi et lui souhaite du courage pour la suite et l'infirmier m'accompagne dans la salle d'examen, j'écoute bien les consignes que l'on me donne, je n'arrive pas à me détendre, je m'allonge sur une plaque glaciale en métal recouverte d'un papier pour l'hygiène. La machine commence à me scanner sur tout le corps en commençant par les pieds et là au bout d'un moment, je vois qu'un bras articulé avec une grosse plaque me descend au niveau de mon visage et s'arrête à quelques millimètres de ma figure. C'est très oppressant je sens une grande montée de speed qui arrive, un gros coup de stress, non pas maintenant, je me fixe sur la musique qui passe dans la pièce, j'ai les mains moites, de petites gouttelettes me coulent sur les tempes, je ne peux pas bouger interdit, je ferme les yeux et commence à chanter dans ma tête pour que cette angoise disparaisse et ça marche je retrouve une respiration plus lente et moins saccadée.Trois examens me sont fait de quinze minutes chacun toujours sans bouger. C'est terminé mes mâchoires commencent à relâcher, mais à ma grande surprise, je ne pourrai pas avoir les résultats de suite, il faut attendre quarante-huit heures, mon oncologue m'appellera pour les commenter et m'expliquer.

Mes mâchoires se resserrent aussitôt et je rejoins mon mari à l'extérieur en respirant un bon bol d'air. En partant de là-bas, on me met bien en garde que je suis contagieuse et que je ne dois en aucun cas être en contact avec des enfants en bas âges et des femmes enceintes, je suis complètement radioactive, je suis choquée, en rentrant chez moi je ne veux même pas que mon fils pourtant jeune adulte et mon mari ne m'approche je bois le plus possible de l'eau pour éliminer cette merde dans mes veines .

Vivement demain

19 Juin 2015

ATTENTE DES RESULTATS

Ce matin toujours les mâchoires serrées malgré l'examen passé. J'ai mal dans tout le corps de ne pas savoir, ma tête va exploser, je tourne en rond dans la maison. Le plus compliqué à gérer dans cette maladie c'est l'attente, l'attente des examens, l'attente des résultats, l'attente des rendez-vous, nous ne faisons qu'attendre quelque chose, qui nous perturbe encore plus que la maladie elle -même, nous nous imaginons toujours le pire et cela nous rend fou.

Vers midi Isabelle, une infirmière de Bergonié que je connais bien, j'étais la nounou de ses trois enfants, m'envoie un petit message pour me dire qu'elle avait vu mon oncologue et elle lui avait dit qu'elle m'appellerait dans la journée pour me donner les résultats. Je suis confiante et j'attends ce fameux coup de téléphone qui compliquera ou pas le cours de mon suivi.

L'après midi passe et toujours pas de coup de téléphone de la part de mon oncologue. Vers dix- huit heures, Isabelle l'infirmière m'appelle pour me rassurer et me dit que mon oncologue était en consultation toute l'après-midi et qu'elle m'appellerait après ses consultations.

Dix -neuf heures, mon portable sonne, je ne connais pas ce numéro, je décroche et reconnais de suite la voix de mon oncologue, de suite sans trop trainer après les formes de politesse me dit que ma scintigraphie est bonne et qu'il n'y a pas lieu de m'inquiéter plus. Je la remercie chaleureusement et prend congé auprès d'elle. Une fois raccrocher je sens toutes les parties de mon corps se relâcher, je me dirige vers mon mari, je lui raconte ce qu'elle vient de me dire, nous sommes heureux et soulager, on se prend dans les bras pour une fois une bonne nouvelle. Toutes les larmes retenues coulent sur mes joues mais cette fois çi se sont des larmes qui me font du bien et me soulage.

Lorsque la maladie rentre dans un foyer, elle ne s"empare pas seulement d'un corps; elle s'empare de la famille au grand complet.

27 JUIN 2015

SCANNER

Aujourd'hui c'est le dernier examen avant l'intervention. Nous allons savoir si mes organes vitaux sont touchés par les cellules cancéreuses ou pas.

Je sais qu'avant de passer cet examen, je n'ai rien, je le sens et je ne pourrai pas vous dire pourquoi, j'y vais confiante, sans pression et me rend toute seule au cabinet de radiologie. On m'installe encore une perfusion pour pouvoir m'injecter au moment voulu le produit. C'est fait l'examen est terminé je rejoins la salle d'attente pour mes résultats.

Un médecin me reçoit dans son bureau et me dit que tout va bien, le cancer est bien concentré dans mon sein, qu'aucun de mes organes ne sont touchés. Je lui répond confiante et droit dans les yeux, que je savais et que maintenant, c'était moi qui le contôlé et plus lui, il me sourit, je reprends mon dossier et prend congé en lui disant au revoir.

Je peux vous dire que là aussitôt sortie, j'ai appelé mon mari qui était sur son lieu de travail pour le rassurer tout de suite . J'ai repris ma voiture et je suis rentré chez moi légère comme une plume je me suis même mis à chanter dans la voiture

3 Juillet 2015

COUIC LA TETE

C'est fait. L'opération, c'est bien passée justes quelques petits problèmes avec une aide- soignante, mais en deux deux avec mon mari , nous lui avons réglé son compte, elle ne faisait plus partie du service duquel je dépendais, grosses fautes lourdes.

Le brancardier est venu me chercher dans ma chambre pour m'emmener au bloc, j'ai embrasé mon mari.

Autres soucis au moment de descendre au bloc, les infirmières ont oublié de me donner mon calmant, pourtant c'était bien inscrit sur mon dossier, il fallait vraiment m'assommer avant de me descendre au bloc, peur bleue de l'anesthésie.

Dès que les portes de l'ascenseur se sont fermées, j'ai pété grave les plombs, j'ai chopé le col du brancardier en lui disant qu'il fallait qu'il me ramène dans ma chambre, je lui hurlais dessus en lui disant que ces connes là-haut avait oublié de me donner mon calmant, je pensais qu'elle me l'avait mis dans une perfusion, mais je voyais bien que je n'étais pas calme du tout et que surtout je n'étais pas stone, que je ne voulais pas d'anesthésie que la chirurgienne devrait m'opérer comme cela, bref j'étais devenu hystérique. Au même moment où j'essayais d'étrangler le brancardier, les portes de l'ascenseur se sont ouvertes et là je me retrouve face à ma chirurgienne, j'avais le col du brancardier dans les mains, je ne vous explique pas la scène, la honte quand j'y repense, elle ne comprenait pas pourquoi j'étais aussi énervée, elle pensait que je ne voulais plus de l'opération, le brancardier lui a tout expliquer, ils ont mis plus d'une heure à me calmer.

Le réveil n'a pas été mieux, je me suis réveillée attacher à mon lit parce que je m'étais tout arracher les perfusions ainsi que le tube pour respirer dans la bouche.

Bilan des dégâts, infirmières un peu secouer, un brancardier traumatisé le pauvre c'étais son premier jour et moi lèvre ouverte et bleue au genou. Je les avais pourtant prévenues qu'il fallait m'assommer avant de me descendre au bloc, j'ai une peur bleue des anesthésies, j'ai tout simplement peur de ne pas me réveiller. Je peux vous garantir que ma chirurgienne quand elle est passée dans l'étage où j'étais tout le monde raser les murs elle était furieuse.

C'est fait, ça y est, je me sens soulager d'avoir enlevé ce mal qui me rongeait.

Je fais partie maintenant des AMAZONES, ces guerrières à qui ont leur à enlever une partie, leur sein. Ce sein qui a nourri leurs enfants, ce sein qui faisait d'elles des femmes, ce sein qui tout simplement faisait partie d'elles.

Je me sens différente, toujours moi, mais différente, je ne sais en quoi et où est la différence, mais c'est sur, et c'est comme ça, je ne me sens plus comme avant.

De retour à la maison, j'ai le bonheur de retrouver mon nid là où je suis bien, là où se trouve les miens, là où je vais pouvoir me reconstruire. J'ai le bonheur de me retrouver vivante dans les bras de mon mari et de ma famille enroulée dans leur odeur qui m'avait tellement manqué pendant mon séjour à l'hôpital. Cette tendresse renouée éloigne tous les maux passés, les peines refoulées et les menaces s'estompent. J'ai envie de tout oublié, une bouffée de joie m'envahis à m'étouffer d'avoir retrouvé les miens qui m'avait tellement manquer. Je suis sur un nuage, mon nuage de la vie et je ne suis pas prête d'y descendre.

Le cancer depuis le mois de mai avait pris le contrôle de ma vie maintenant décapité, c'est moi qui reprends le contrôle. Je veux mordre la vie à pleines dents, profite du ou des moments présent, de mes enfants, de mon mari, de la vie quoi. Quand il déboule comme cela dans votre vie, une fois enlevé vous voyez la vie autrement.

J'étais une femme épanouie et comblée et je reste cette femme épanouie et comblée, même avec un sein en moins, je dirai même que je me sens plus vivante qu'avant. Je sais que la route est longue encore, que le combat n'est pas terminé et qu'il ne fait que commencé, qu'il va y avoir des moments très dur, mais je reste malgré tout confiante. Ce que je sais, c'est que je me battrais et que je ne baisserai jamais les bras pour continuer le combat jusqu'au dernier round jusqu'au KO.

MOI :1   CANCER:0

27 Juillet 2015

DOCTEUR FOURNIER

J'ai rendez-vous avec ma chirurgienne. Mon héroïne. Celle qui a décapité mes tumeurs, celle qui m'a redonné le contrôle de ma vie. Je ne suis pas du tout inquiète de ce rendez-vous je sais à quoi m'en tenir, je sais qu'il va falloir faire un grand ménage pour pouvoir retrouver un corps sain. Elle m'explique comment elle a procédé pendant l'intervention, qu'elle a fait analyser sur place la chaine ganglionnaire, qu'elle m'a retiré parce que le ganglion sentinelle était tout nécrosé par le cancer, sur quatorze ganglions enlévés onze étaient attaqués.Pour le reste mes tumeurs et mon sein tous est partis sur Paris, pour y être étudiés.

Les résultats ne sont pas très bons, mais de suite, elle renchérit en me disant que cela avait été pris à temps et que rien n'était perdu. Mon taux de prolifération est de vingt- cinq pour cent BIM dans le mille, je vais avoir de la chimio parce que je dépasse le taux autorisé pour ne pas en avoir. Elle doit se concerter d'abord avec mon oncologue, qui le soir même m'appelle et me confirme les séances de chimio. Une fois les séances de chimio faites je devrais faire des séances de rayons pendant au moins deux mois tous les jours sauf les week-ends. Les traitements à l'hôpital terminés j'aurais à la maison un traitement de comprimés d'hormonothérapie à prendre tous les jours y compris les week-ends pendant cinq ans.

Je pars du rendez-vous avec toutes ses informations sous le bras et commence à réfléchir à tout cela. La maladie m'a appris que tout change, malgré les déceptions et les épreuves, je vais de l'avant plus forte que dans le passé.

J'attends que mon oncologue me contacte pour le prochain rendez-vous pour que l'on puisse parler des séances de chimio

12 Aout 2015

ONCOLOGUE

Direction Bergonié pour mon rendez-vous, je m'y rends toute seule rien de bien méchant à entendre juste des confirmations à ce que je sais déjà.

L'oncologue me confirme donc les séances de chimio et m'annonce qu'elle doit me faire d'abord trois séances de FEC la chimio qui déboite tout sur son passage

TES CHEVEUX ET TES POILS

TON BIDE PAR LES NAUSEES

TON COPRS AFFAIBLI ET SANS DEFENCE PAR LA DESTRUCTION DE TES ANTICORPS ET TOUTES TES BONNES ET MAUVAISES CELLULES

TES ONGLES ABIMES ET NOIRCIS

ECT...

Bon et bien super programme, cela va être compliqué pour moi, moi qui ne me soigner qu'avec les plantes je ne suis pas pour les médicaments, mais là je n'ai pas trop le choix. Je m'y étais préparée à entendre tout cela, mais même préparer c'est quand même un grand coup dans la tronche. La colère revient un peu en sortant de la consultation, je m'assois sur un banc pour digérer ce que l'on vient de m'annoncer, je fume une clope machinalement, comment annoncer tout cela sans ne traumatiser personne, surtout à mes enfants, des larmes coulent sur mes joues et je reste là assise un bon moment à regarder les personnes passées devant moi, même quelques personnes sont venues me demander si cela aller, non bien-sûr que non cela ne va pas aller mais je vais faire en sorte que oui. Je reprends mes esprits pour repartir en voiture chez moi dans mon bunker.

Cela ne suffisait pas de mettre ma vie entre parenthèse et de perdre mon sein, non il va falloir que je donne encore beaucoup de ma personne. Prend ce que tu dois prendre je tiendrai bon et jusqu'au bout, cela risque d'être très compliqué, mais je me le suis promis et j'y arriverai je n'ai pas le choix, c'est lui ou moi.

13 Aout 2015

PREMIERE CHIMIO

Direction Bergonié pour ma première séance de chimio, je m'y rends toute seule, c'était mon choix pourtant mon mari avait insisté pour venir avec moi, mais je voulais commencer mon combat toute seule et l'affronté.

Après avoir rempli tout le côté administratif, je suis accueillie par une infirmière qui m'emmène dans une petite chambre qui sera la mienne le temps des soins, nous nous installons autour d'une table et de suite me met à l'aise en me disant qu'elle m'expliquera au fur et à mesure durant tout le traitement et qu'il ne fallait pas que j'hésite à poser des questions si j'en avais. Le temps est venu de commencer.

Je m'installe sur mon lit pour qu'elle puisse m'installer un cathéter dans mon bras pour pouvoir m'injecter ensuite les produits. Problèmes, je n'ai pas beaucoup de veines et le peu que j'ai ne sont pas très gaillardes, trop fines et se planquent dès qu'on les touche. Donc l'infirmière me propose pour les autres séances, que l'on me pose une chambre (petit boitier installer sur le torse sous la peau). Ce sera plus facile pour elle et surtout beaucoup moins douloureux pour moi. Rendez-vous pris pour le premier septembre à Bagatelle, cela n'a pas trainé. Au bout d'une bonne demi- heure en vain une autre infirmière arrive à me placer le cathéter dans mon bras.

La première poche de chimio commence à couler dans le tuyau relié à mon bras et je sens mes yeux se mouiller, mes larmes commence aussi à couler, je ne peux pas m'arrêter. Quatre poches comme celle-ci avec des produits différents couleront en goutte à goutte alterner avec des poches d'eau pour nettoyer après chaque produit.

PRODUIT ROUGE ce produit est mis dans une seringue manuelle que l'infirmière m'injecte doucement dans la perfusion en même temps qu'une poche d'eau qui coule au goutte à goutte, car ce produit brûle les veines. C'est ce fameux produit qui te met à l'envers avec tous ses effets secondaires. Une fois toutes les poches et ma seringue vidées l'infirmière me rince une dernière fois avec une poche d'eau. Elle peut enfin me déconnecter à ce fil pour que je puisse rentrer chez moi; il est dix- sept heures quarante- sept et j'étais arrivée à l'hôpital vers quatorze heures.

14 Aout 2015

PREMIER JOUR APRES CHIMIO

Je prends bien les médicaments que l'on m'a prescrit pendant trois jours après la chimio pour ne pas avoir trop d'effets secondaires.

L'estomac un peu barbouillé, mais rien de bien méchant je grignote un minimum et boit beaucoup pour diluer et éliminer ce produit rouge rapidement d'ailleurs à chaque fois que je vais aux toilettes j'ai mon urine rosée.

Petite fatigue passagère avec sieste réparatrice.

Les trois premiers jours sont comme cela, mais dès le quatrième jour, je retrouve l'appétit et la pèche et je suis bien même jusqu'à la chimio suivante, j'en profite parce que je sais que cela ne va durer.

30 Aout 2015

CHUT CA TOMBE

Ce matin en me réveillant je vois sur mon coussin tous les cheveux qui sont tombés dans la nuit. Et oui cela fait vingt- et-un jours exactement après la première chimio pile poil, c'est le cas de dire, on m'avait prévenu à Bergonié de cela donc pas de surprise. Je ne dis rien de la journée, mais le soir en me douchant je vois beaucoup des cheveux partirent dans le siphon de la baignoire. Une fois sortie de la douche, je me sèche, je n'ose même pas me regarder dans le miroir parce que je sais très bien que ma tête va ressembler à un gros chantier, avec des cratères parsemés ici et là sur mon crâne.

Je fais front à ce maudit miroir qui se trouve devant moi et là le choc en me voyant, un gros percute dans la face. Je sens la colère montée d'un coup et j'ai envie de fracasser ce reflet qui se trouve devant moi, ce n'est pas moi je ne me reconnais pas. J'ai envie de hurler, je pleure et je ne peux plus m'arrêter, j'ai de gros sanglots qui me montent dans la gorge, je hurle.

Mon mari m'entend et arrive en courant dans la salle de bain, me prend dans ses bras et arrive à me calmer comme à chaque fois, à me dire les mots pour m'apaiser. Je reste un bon long moment envelopper dans ses bras. Je me mets un foulard sur la tête, je ne veux pas que mon fils me voit comme ça, pour ne pas le traumatisé.

3 Septembre 2015

ON RASE LES CHEVEUX

Depuis hier soir, j'ai le cuir chevelu qui me pique, me brûle, me gratte et me fait mal. Pas très bien dormi.

Dès le matin, je demande à mon mari de tout me raser et de me laisser environ quatre centimètres sur la tête, de toute façon, c'était le chantier, cela ne ressemblait plus à rien. J'espère ne pas l'avoir trop choqué et perturbé en lui demandant de faire cela.

Voilà, c'est fait et je ne ressens plus de douleurs sur ma tête, je suis soulagée. Je verse quelques larmes en silence pendant que mon mari me rase, par contre je tourne le dos au miroir, la veille au soir ce miroir m'avait traumatisé. Je sais que cela va repousser, que cela ne sera pas définitif, je retrouverai mes cheveux. Une fois fini je décide de me regarder dans ce miroir j'ouvre d'abord un oeil puis l'autre, j'ai peur de changer de ne pas me reconnaître et je vois que le reflet que me renvoie le miroir, c'est bien moi, moins traumatisant que je ne pensais. Je me kiffe grave en fait, je me trouve belle, j'aime ce reflet devant lequel je me tiens alors qu'hier soir il m'avait fait hurler et pleurer.

Je fais parties maintenant des petits soldats au crâne rasé pour continuer le combat contre cette maladie qui pourri bien la vie quand même.

Ce n'est pas l'apparence, n'y sa chevelure qui font la beauté d'une femme, c'est son rayonnement.

Le cancer est une maladie qui fait chuter les cheveux mais pas la force et le courage que la vie peut te donner pour te battre.

4 Septembre 2015

DEUXIEME CHIMIO

Depuis hier soir j'essaie de comprendre comment on installe joliment un foulard sur la tête. Je dois me rendre à Bergonié pour ma deuxième chimio, je n'ai pas envie d'y aller avec mon crâne tout nu. J'abandonne, cela me saoule et je laisse tomber malgré tous les tutos regardés, je me mettrai mon sweat à capuche beaucoup plus simple à enfiler pas grave pour le joli.

Ce matin, c'est avec ma lolotte ma soeur que je me rends à l'hôpital pour ma deuxième séance de chimio. Je suis plutôt calme et sereine, je sais que cela va bien se passer puisque maintenant la chambre est installée depuis le premier septembre et je sais surtout comment cela se passe ce n'est plus l'inconnu.

J'ai pu rencontrer l'esthéticienne de l'hôpital qui m'a donné quelques petits tuyaux pour mon confort, elle m'a donné des échantillons de crèmes, de vernis, des prospectus. Nous avons fait une séance de démonstration pour installer ces fameux longs foulards et c'est ma soeur qui a servi de modèle, nous avons bien rigolé, pendant que mes poches de chimio coulaient.La matinée s'est plutôt bien passée et surtout vite passée grâce à l'esthéticienne et à ma soeur .Nous pouvons rentrer chez nous.

7 Septembre 2015

CA VA MIEUX

Je viens de passer trois jours super difficiles, mal partout, la gerbe et des nausées en continu, même avec les comprimés qui soi-disant évite tout ça, je ne tenais même pas debout obliger de rester allonger. Mais je savais que cette chimio serait plus fatigante et plus violente que la première, je m'angoisse rien que de penser que ce n'est que la deuxième et qu'il en reste encore à faire, quand je vois dans l'état où je suis. Mon corps commence à ressentir les effets secondaires de ces produits toxiques que l'on m'injecte depuis un moment, il ne doit pas comprendre ce qu'il se passe, je ne me soignais qu'avec des plantes avant, pour lui aussi, c'est traumatisant.

Le premier jour après la chimio, mon corps est tout cabossé, courbaturé, à côté d'une grosse séance de sport ce n'est pas comparable, c'est encore plus violent, j'ai mal partout. Le matin quand je me lève je n'arrive pas à tenir debout, je suis obligée de rester assise au bord du lit, j'ai la tête qui tourne et les jambes en coton.. Pour le petit déjeuner, c'est compliqué rien ne passe, j'ai des nausées et mal au bide je dois prendre mes médicaments prescrit par l'oncologue, mais aussitôt avaler je cours dans les toilettes pour tout vomir et c'est comme ça les trois jours de prises des comprimés, je pense que mon corps n'accepte pas cette chimie.

Pour soulager mon corps je me fume de petits joints d'herbe de CBD, qui je sais vont me détendre, j'en avais discuté avec une infirmière lors de mes séances de chimio. Et comme par magie le pétard fait son effet les douleurs s'estompent doucement je sens mon corps se relaxer, je peux enfin dormir un peu sans être réveilléé par les douleurs. LOL il est vrai quand temps normal je suis plutôt pour la médecine douce avec les plantes, le CBD c'est plus naturel que leur comprimé et puis de toute façon je ne peux pas les avaler cela repart aussitôt dans les toilettes.

Aujourd'hui je me sens un peu mieux après ces trois jours de cauchemar

17 Septembre 2015

UNE AUTRE OU PAS

Ce matin, j'ai rendez-vous avec mon oncologue, pour savoir si l'on continue sur la même chimio ou si l'on change de chimio, je sais déjà ce qu'il va m'annoncer, j'ai fait quelques recherches et pour les cancers du sein comme le mien le protocole à suivre trois chimios FEC et trois chimios TAXO .

Mais cette chimio est encore plus costaude que l'autre, c'est un tsunami qui déboule dans ton corps c'est le grand ménage et en plus avec beaucoup plus d'effets secondaires :

Mal dans tout le corps ça je connais déjà

Sourcils et cils qui tombent

Jambes qui gonflent

Picotement dans les doigts de mains et de pieds

Grosse fatigue

Et surtout des risques d'allergie qui peuvent être dangereux

Je vais être une épave et je n'en ai pas envie, mais je n'ai pas le choix, c'est le protocole à suivre, il faut tout dégommer et bien nettoyer ce qu'il reste à nettoyer

                    C'est DUR très DUR

Même si tu te prépares à entendre tout cela, cela reste difficile d'accepter surtout quand tu sais comment tu vas être pendant ton traitement.

La colère m'est revenue d'un coup, en sortant du rendez-vous, j'ai beaucoup pleuré sur le retour, il va falloir que j'accepte ce que l'on vient de me dire pour pouvoir avancer.

Ma petite soeur Sandrine est venue passer toute la journée avec moi pour m'aider à traverser ce mauvais moment. Et mon frère Olivier est venu dans l'après-midi pour faire des photos comme je lui avais demandé, il est photographe, je voulais garder de belles photos sur ce nouveau corps que j'allais devoir apprivoiser.

Pourquoi la vie s'acharne et nous inflige des moments difficiles. Pour ma part la vie n'a pas été tendre avec moi jusqu'à maintenant, j'ai trinqué sévère, elle ne m'a laissé aucun répit alors que jusqu'a pas si longtemps tout aller pour le mieux, pour moi et les miens.

Par moment je me demande si j'ai droit au bonheur...

Heureusement que j'ai mes proches et mes amis autour de moi.

25 Septembre 2015

DERNIERE FEC

Petit souci en arrivant à l'hôpital de jour pour faire ma dernière FEC, depuis hier j'ai très mal à mon gros orteil, il est tout rouge et brulant.

Les internes viennent un par un, pour regarder l'état de mon doigt de pied, j'avais l'impression d'être une bête de foire que tout le monde venait voir, j'aurai dû faire payer l'entrée pour me faire un peu de monnaie. Ils ne savent pas si se sera possible de me faire ma chimio aujourd'hui puisqu'il y a une infection, en fait, c'est un panaris et ils attendent la validation de mon oncologue, pour lancer les hostilités, donc avec mon mari, nous patientons, mon mari est présent comme à chaque chimio. Validation de mon oncologue au bout d'une bonne demi- heure d'attente, mais il faut que le lendemain une infirmière vienne me faire un vaccin, pour rebooster mes défenses immunitaires, pour combattre cette infection. Les infirmières me prescrivent les ordonnances pour ma sortie. Tout c'est bien passé nous pouvons prendre la route pour rentrer chez nous, tout ce bazar m'a fatiguée. En rentrant nous devront nous arrêter à la pharmacie pour prendre ce qu'elles m'ont prescrit

Le retour à la maison par contre moins bien, très fatiguée, des nausées, pas bien du tout.Le lendemain, mon infirmière est venue me faire la piqure comme convenu.

Et là trois jours de grosse migraine ont suivi, j'étais carpette et vraiment mal, je préfère de loin la gerbe et les nausées que les migraines, obliger de rester dans le noir complet et allonger j'ai mis du temps pour m'en remettre.

7 Octobre 2015

GYNECOLOGUE

J'ai rendez-vous avec la gynécologue de ma soeur, j'ai dû changer le mien, pas du tout compétant, il m'a laissé avec cette grosseur dans le sein depuis longtemps, s'en pour autant s'en inquiéter ou me faire passer des examens pour vérifier, il m'a dit en me palpant que ce n'étais pas grave puisqu'elle ne grossissait pas, voilà tu fais confiance au spécialiste et en fait cela se retourne contre toi. Je suis furax contre lui et quand j'ai eu les résultats de ma biopsie au mois de mai dernier, je peux vous dire que j'ai déboulé dans son cabinet et je lui ai dit le reste, j'ai même conseillé aux patientes qui attendaient, de changer de gynécologue que celui-ci était un charlatan et grâce à lui j'avais un cancer du sein bien avancé, je suis partie de son cabinet soulagée, j'avais pu lui dire tout ce que j'avais sur le coeur, lui n'a pas moufté.

Le filing est bien passée avec cette nouvelle gynécologue, en plus je suis rassurée, ma soeur a un bon suivi avec elle. Elle m'a retiré mon stérilet que je devais enlever sur les conseils de mon oncologue pour la suite de mes traitements. Il faut que mon taux d'hormones redeviennent à la normarl pour que l'on puisse calculer, quel taux il va me falloir quand je commencerai l'hormonothérapie après les traitements de chimio et de rayons.

8 Octobre 2015

RACHELLE

Mon ex- mari vient de m'appeler pour m'annoncer une triste nouvelle, mon ex- belle-soeur est aussi suivie pour un cancer de la vessie et ce n'est pas son premier quand elle était plus jeune elle avait eu aussi un cancer de l'utérus. Comment ne pas être en colère contre cette maladie

Je n'ai pas peur pour moi, je sais que mon cancer se soigne très bien, mais elle, sa tumeur se trouve au niveau de la vessie et ses organes génitaux ne fonctionnent plus très bien à cause de la tumeur qui gêne. Elle est rentrée en urgence à l'hôpital parce qu'elle avait de grosses douleurs au niveau du bas ventre et en bas du dos, elle va rester hospitalisé pendant un long moment. Pour l'instant, ils ne peuvent pas commencer la chimio parce qu'elle est trop faible.

Je pense très souvent à elle, je l'appelle quand je peux et quand je suis en état, je ne peux pas aller la voir mon état ne me le permet pas, j'espère qu'elle se remettra rapidement pour qu'elle puisse rentrait chez elle.

19 Octobre 2015

TAXO

Le seize octobre, je me suis rendue à l'hôpital de jour pour recevoir ma nouvelle chimio la taxotère et je peux vous dire que la nuit d'avant pas trop dormi, trop inquiète, je suis arrivée à l'hôpital avec la boule au ventre, je commençais à m'habituer à l'autre chimio et je commençais à apprivoiser les effets secondaires.

Les infirmières comme à leur habitude, très gentilles, m'ont expliqué comment cela aller se dérouler. Tout c'est bien passée j'ai liquidé mes poches de produit comme d'habitude, au moment où elles m'ont branché à ce fameux produit, une infirmière est restée à côté de moi pour voir si je ne faisais aucune réaction allergique, chouette rien à signaler. Pendant toute la séance de chimio, elles m'ont installé un casque réfrigéré sur la tête et des bracelets réfrigérés aux chevilles et aux poignets, pour ne pas que le produit ne m'attaque trop mes ongles de pieds et de mains, j'avais commencé trois semaines avant de commencer cette chimio, à me mettre un vernis exprès pour que mes ongles ne sautent pas. Pendant une bonne heure je suis restée ainsi avec mon équipement de Sibérie à me geler j'étais belle à croquer, non je plaisante bien-sur je ne ressemblais à rien, juste à un beau glaçon sur un lit. Mon traitement terminé j'ai pu rentrer chez moi.

Les jours qui suivent le retour de chimio, les effets secondaires commencent à apparaître tout doucement, courbatures dans les muscles, j'ai du mal à tenir sur mes jambes et je suis réveillée régulièrement par les douleurs, j'ai un goût de métal dans la bouche très désagréable j'ai l'impression de me transformer en robot, j'ai les gencives blanches et douloureuses. Je suis dégoutée, je recommençais à aller un peu mieux depuis ma dernière chimio FEC et là celle ci me rappelle à l'ordre pour me dire que ce n'est pas terminer. Mais plus de nausées et l'estomac n'est plus barbouillé. Avec ce goût de métal dans la bouche plus envie de manger les aliments n'ont plus de goût et certains aliments ont une saveur différente; je n'ai plus d'appétit.

24 Octobre 2015

FRACAS

Je viens de passer une semaine super difficile, j'avais envie de tout arrêter tellement j'étais mal. Des douleurs dans tout le corps et je peux vous dire que j'ai bien senti toutes les parties de mon corps, surtout tous les muscles, même ceux auxquels je ne savais pas qu'ils existaient. Je n'arrivais pas à tenir debout, c'est simple le matin au lever, j'étais obligé de rester un moment assise au bord de mon lit, le temps que la douleur passe, pour aller m'allonger sur le canapé du salon, je ne voulais pas rester dans ce lit qui me faisait bien comprendre que j'étais malade, je n'en avais pas envie, c'étais le parcours du combattant chaque matin.

Pour soulager mes douleurs, comme cela avait bien fonctionné la première fois, je me suis remis à fumer mes pétards de CBD, juste ce qu'il fallait pour me soulager et comme la première fois magique, j'ai pu dormir pour récupérer un peu. Mal aussi, je dirai même très mal dans mes bouts de doigts de mains, à ne pas pouvoir tenir quelque chose, et de pieds, à ne pas pouvoir marcher. Je continue à mettre le vernis régulièrement sur mes ongles sinon je risque de faire une infection, et ils risquent de tombés. Ma bouche me fait mal, j'ai des aphtes partout, en plus ce goût de métal qui me donne la gerbe, je l'ai en continu et pour atténuer ce mauvais goût, je prends des pastilles de menthe, mais pas beaucoup efficace. Je ne m'alimente que quand j'ai vraiment faim, c'est-à-dire pas beaucoup et pas souvent, j'ai déjà perdu un kilo.

J'espère que la semaine prochaine sera un peu mieux.
J'ai eu des nouvelles de mon ex-belle-soeur, elle ne va pas mieux, est restée hospitalisée pendant une semaine, a pu rentrer chez elle, mais tout de même médicalisée à son domicile.
La force, c'est de pouvoir regarder la douleur en face, lui sourire et continuer malgré ses coups à tenir debout.

30 Octobre 2015

PECHE RETROUVEE

Depuis lundi, je vais beaucoup mieux, comme quoi il ne faut jamais désespéré. Mon corps et mes muscles me laissent un peu tranquille, moins mal aux doigts, et même le goût de métal a disparu, mais en contre-partie, je n'ai plus de goût, ni de saveur sur certains aliments. Je n'ai toujours pas d'appétit, mais je me force tout de même à manger un peu pour ne pas perdre trop de poids, être top faible, pour ne pas être hospitalisée.
Les journées sont longues toute seule à la maison, dès que je peux m'échapper quand mon état me le permet, je sors de chez moi, je vais me balader un peu, mais trop longtemps, je fatigue vite.
Me tarde de voir le bout du tunnel, de pouvoir reprendre mon travail, de pouvoir surtout reprendre le cours de ma vie.

4 Novembre 2015

MORAL EN BAISSE

Depuis un bon moment déjà, je prends sur moi, pour accepter tout ce poison qui me coule dans les veines. Je sais, c'est pour mon bien, mais j'ai du mal à admettre que l'on soit obliger de me donner toutes ces saloperies pour me soigner et aller mieux. Dans ma tête, c'est compliqué gros conflit. Il faut que je tienne bon encore, pas facile tous les jours.
Il me reste encore deux chimios, j'ai fait le plus gros, c'est ce qui me motive pour tenir jusqu'au bout. Mais je sais aussi, que c'est deux dernières vont être dures à supporter mon corps souffre de plus en plus, et mon moral n'arrive plus à suivre.
J'ai l'impression de faner à l'intérieur, j'ai beau m'hydrater correctement avec les crèmes recommandées par l'esthéticienne de l'hôpital, je ne vois pas d'amélioration, ma peau sèche et se fendille de tout côté, j'ai l'impression que ma tête ressemble à un énorme popcorn.
J'ai perdu le goût et les saveurs, à quoi bon de manger. Me tarde que tous ces traitements se terminent que je puisse faire un bon nettoyage à ma façon, avec mes plantes qui je sais, n'auront aucuns effets secondaires sur moi. Passer à autre chose et continuer d'avancer.
Ce cancer vous prend tout sur son passage, c'est vraiment une grosse merde qui reste collé à vous, et vous devez sans cesse vous battre pour ne pas tomber.

22 Novembre 2015

DUR DUR

Aujourd'hui plus envie de rien, de toute façon, je le sentais venir depuis un bon moment, j'ai envie de hurler, de tout casser, ma colère revient plus forte qu'au début, je suis fatiguée et épuisée moralement.

La chimio du cinq novembre pourtant, c'est bien passée, rapidement expédiée pour rentrer à la maison, pas trop d'effets secondaires, je commence à mieux les gérer, mon corps lutte sans arrêt.
Mais là je suis fatiguée de me battre contre cette maladie, contre ces traitements qui me détruisent à petit feu. Pendant la maladie, c'est ton corps qui te dicte comment tu te sens, là il me fait bien comprendre que lui aussi est fatigué, usé.
Je ne me reconnais plus dans ce miroir, j'ai beau faire face, je ne me reconnais pas la personne qui se reflète devant moi, je ne me reconnais pas dans ce visage tout déformé et meurtri par ces maudits traitements. Cette maladie te rappelle tous les jours qu'elle décide que c'est toi qui subis. Mon visage ressemble plus à un popcorn en train d'éclater, mes yeux sont tous rouges et gonflés, douloureux. La maladie me transforme, et je n'aime pas l'image qu'elle me renvoie. À partir de ce jour, je prends la décision de ne plus me regarder dans ce miroir.

La semaine prochaine, j'ai ma dernière chimio et je n'ai pas envie d'y aller, à quoi bon, pourquoi j'irai, pour qu'elle continue de me défoncer, encore et encore. Ce n'est plus un corps que j'ai, ce sont des bouts de chair assemblés.
C'est le protocole à suivre, et comme un bon soldat qui exécute ce qu'il doit faire sans rechigner, je continuerai malgré tout.

TA DOULEUR D'HIER EST
TA FORCE D'AUJOURD'HUI

27 Novembre 2015

CHIMIO FINIE

La dernière chimio vient de passer. Hier comme prévu, je me suis rendue à l'hôpital de jour, avec mon mari. Comment vous dire que celle-ci avait un goût de délivrance, de joie et d'excitation. Fini les produits toxiques que j'avais de plus en plus de mal à accepter. Terminer.

Pendant que ma chimio coulait dans mes veines, sur mes joues coulaient mes larmes de délivrance. L'infirmière et mon mari s'en sont même inquiétés de me voir pleurer, ils m'ont demandé si tout aller bien, je leur ai expliqué pourquoi je pleurais et l'infirmière en avait les larmes aux yeux, elle comprenait bien ma situation, elle qui côtoyait des patients tous les jours.
Alors, je sais que la route n'est pas terminée, et qu'il me reste encore la moitié du chemin à faire, mais plus de poison dans les veines, je peux vous dire que pour moi c'est énorme et je vais pouvoir aller mieux dans ma tête. Il me reste les rayons à faire, à partir du mois de janvier, tous les jours, sauf les week-ends, chouette, ils me laissent mes week-ends. Je leur avais demandé de me laisser tranquille le mois de décembre, je voulais pouvoir récupérer, et surtout je ne voulais pas être trop fracassée pour les fêtes pour passer du temps avec mes enfants et ma famille sans pouvoir rester clouée au lit.
J'espère que les rayons vont bien se passer, que cela ne va pas

trop engendrer de soucis à l'intérieur. Après ces fameux rayons, j'aurai droit à de l'hormonothérapie pendant cinq ans. Pour l'instant, j'essaye de ne pas trop y pense, je vais laisser passer ce mois de décembre, me reconstruire un peu et surtout profiter des miens, sans rendez-vous pour les chimios et sans aller-retour à l'hôpital. Je vais pouvoir recommencer à m'alimenter progressivement, j'espère retrouver le goût assez rapidement, mais c'es pas sûr.

Je vais continuer à préparer ma peau avec les crèmes pour éviter qu'elle ne soit trop brûlée par les rayons.

Je suis à nouveau déterminée à en finir avec cette merde, je veux y mettre un point final, je suis sur la fin du parcours, cela a été très dur et difficile, j'y suis quand même arriver grâce à ma détermination, mon courage et ma force et surtout grâce au soutien des miens et je l'ai en remercie.

8 Décembre 2015

ANNIVERSAIRE

C'est mon anniversaire aujourd'hui, je compte bien passer une belle journée, j'en ai besoin parce que je viens de subir plusieurs jours difficiles. Le fait d'avoir baissé la garde parce que la dernière chimio était passée, les effets secondaires sont revenus à l'attaque de plus belle, sur les trois taxo faites, la dernière a été terrible et fulgurante. Comme quoi, il ne faut jamais baisser sa garde tant que le combat n'est pas terminé.

Une amie est venue passer la journée avec moi, mon mari était au travail et mes fils à l'école. Nous avons passé une super journée, nous avons bien rigolé et cette journée bien sûr m'a bien reboosté.
Le soir, j'ai eu l'agréable surprise de mes filles Marine et Justine, elles sont arrivées avec le repas de prêt, pour l'anniversaire, bien sur mon mari et mes garçons étaient au courant, j'avais tout mon petit monde autour de moi, j'étais la plus heureuse sur terre.
Cette journée, du début à la fin aura été super géniale en tout et pour tout.
Le soir, je me suis couchée apaisée, calmée, rechargée en positif comme jamais.
Maintenant attendons le rendez-vous avec le radiesthésiste le dix-huit décembre pour la suite.

9 Décembre 2015

COMBAT

Cette maladie est un combat de tous les jours, je me souviens à l'annonce du cancer, la foudre qui m'était tombé dessus le six mai, cette date restera à jamais dans ma tête. Ce cancer est un alien qui veut te bouffer en se servant de tes bonnes cellules pour pouvoir se développer, afin de t'anéantir complètement. Il peut tout emporter comme un tsunami. Tu dois tout reconstruire après son passage.
Je suis partie en guerre depuis le six mai, je ne connais pas la durée de cette guerre, mais je sais juste, que le soldat que je suis devenue, ne baissera jamais les bras face au combat.
Je me souviens, de mon premier choc physique, en me voyant dans le miroir, ce n'est pas la perte de mon sein, je m'y étais bien préparée, j'avais fait en amont le deuil de ce sein, qui pour moi risquer de m'ôter la vie. Le premier choc, c'est quand j'ai découvert sur mon oreiller tous mes cheveux et mes cratères qu'ils avaient laissés sur mon crâne. Quand j'ai vu mon visage aussi se transformer, s'affaisser par moment, gonfler à d'autre, sec, ridé, complétement asséché, pour moi très difficile, nous ne sommes pas prêts à nous voir ainsi, notre physique change, nous ne nous reconnaissons plus et c'est assez traumatisant pour nous et notre famille. Nous devons nous réhabituer à ce physique que nous ne connaissons pas.

J'avais beau penser que je n'étais pas malade, mais je l'étais vraiment et ma transformation me l'a bien prouvé. Les produits des chimios agissaient et me décomposaient.
Le cancer s'attaque à ton identité.
Aujourd'hui le cancer m'a mutilé, mais je suis encore debout et bien vivante.
J'ai un sein en moins, mais une autre féminité existe, la maladie renvoie à une féminité qui n'est affichée, je me trouve belle malgré tout cela, j'accepte ce nouveau corps qui est le mien, maintenant, je l'apprivoise doucement, nous avançons jour après jour. Avant je ne pensais pas être féminine, car je n'étais ni belle ni sexy. Aujourd'hui je me sens femme dans mes gestes et surtout grâce à mon mari qui me fait sentir femme un peu plus chaque jour.
Je reste la femme que j'étais avant la maladie, c'est-à-dire une femme heureuse et comblée.

IL FAUT SAVOIR PRENDRE LA VIE AVEC LE SOURIRE.
AU COURS D'UNE VIE, ON CONNAIT PLUS DE JOURS
MERVEILLEUX QUE DE COUPS DUR.
Henri Salvado

18 Décembre 2015

RADIOTHERAPEUTE

Ce rendez-vous ne m'inquiète pas du tout, je suis confiante et je m'y rends toute seule. Je rencontre le médecin, qui m'explique tout en détail pour le déroulement des séances de rayons. Je vais en avoir pour deux mois, tous les jours sauf les week-ends. Il me dit qu'il y aura quelques effets secondaires, mais rien de bien méchants par rapport à ceux de la chimio. Le vingt-trois et le trente, je dois passer un scanner dosimétrie pour prendre les repères et images pour les rayons. Il me dit aussi que toutes les dix séances, nous aurions un rendez-vous, pour voir comment se comporte ma peau qui sera irradiée pendant les rayons. Les séances ne durent pas longtemps, je vais avoir plus d'heure de trajet et d'attente que de durée de rayons.
Je repars de Bergonié et rentre chez moi pour expliquer tout cela aux miens.

30 Décembre 2015

SCANNER DOSIMETRIE

Le vingt-trois et le trente, j'ai dû me rendre à Bergonié pour passer mes deux scanners. Je ne sais trop à quoi m'en tenir.

L'infirmière qui s'est occupée de moi, par deux fois, m'a tatoué six petits points de repaire pour les rayons.
Tout c'est bien passé, maintenant attendons le premier rendez-vous le six janvier. Le deux janvier, je commence aussi l'hormonothérapie pour cinq ans.
Je retrouve peu à peu le goût sur certains aliments, ça fait plaisir de pouvoir manger et retrouver les saveurs que j'avais totalement perdues.
Pour ce qui de mon état général, beaucoup moins de fatigue, même si par moment, comme je dis plus de pile. Je suis obligée de me reposer et d'attendre d'avoir rechargé la batterie. La dernière chimio, que j'ai eu m'avait bien défoncé, j'ai mis beaucoup de temps à m'en remettre. Les muscles et mes articulations me font encore souffrir, je ne peux pas rester trop longtemps debout et le matin c'est plutôt compliqué au lever, je suis obligée d'attendre un peu avant de pouvoir tenir debout. Je sais que j'en ai pour un long moment , il va me falloir beaucoup de patience.
Mes cheveux recommencent à pousser tout doucement, j'ai un petit duvet sur la tête, mais malheureusement, une fois qu'ils seront à une certaine longueur, je serai obliger de

remettre un bon coup de tondeuse pour enlever les cheveux de chimio, comme ils disent et ça par deux fois pour pouvoir retrouver mes cheveux définitifs.

Mes doigts me font toujours souffrir, il faudra attendre qu'ils poussent pour éliminer la chimio qui s'est mis dans les ongles, d'ailleurs je dois continuer à mettre le vernis de protection pendant trois mois après l'arrêt de la dernière chimio.

6 Janvier 2016

RAYONS

Du six janvier au dix-huit février, j'ai dû me rendre à Bergonié, tous les jours de la semaine pour mes séances de rayons. Les rayons ne sont pas douloureux, aucunes sensations de mal ou de gêne en plus l'équipe qui s'occupait de moi, était bien sympathique.
Bien sûr, il y a eu quelques petits effets secondaires après. Une fois par semaine, j'ai rencontré le radiothérapeute pour faire un bilan et contrôler pour voir si ma peau réagi bien. Il est très étonné à chaque fois que ma peau n'est aucune marque de brulure, depuis le mois de décembre je me suis bien hydraté avec les crèmes que l'on m'avait conseillé. Aucune brulure pendant touts mes séances.
Le plus contraignant, c'est d'y aller, tous les jours, j'avais environ deux heures de trajet aller-retour, pour dix minutes de rayons.
Trois jours après la dernière séance quelques brulures sont apparues sous le bras et sur le torse. Je me nettoie bien et je mets la crème cicatrisante qu'ils m'ont prescrite. Mal un peu comme un bon coup de soleil en janvier. Je suis allée voir un guérisseur pour qu'il m'enlève le feu, en une séance, il m'a tout enlevé, je n'avais plus de douleur et de brulure, j'ai continué à mettre ma crème cicatrisante jusqu'à ce que je retrouve ma peau de bébé.

2 Mars 2016

DECISION

Demain, j'ai rendez-vous avec mon oncologue pour faire un bilan de tout ce qui vient de se passer et voir ce que l'on peut faire pour la suite.
Déjà, à ma dernière visite avec mon radiothérapeute, il m'avait fait une ordonnance pour passer une mammographie et une échographie pour le sein qu'il me reste. L'année dernière à l'IRM on avait vu deux nodules, donc à surveiller.
Je ne suis pas inquiète du suivi et des contrôles du cancer. Ce qui me dérange le plus ce sont ces nodules qui sont belles et bien là. Je me retourne la tête dans tous les sens en essayant d'analyser au mieux la situation, peser le pour et le contre. Ma chirurgienne peut me les enlever, mais le souci, c'est que cela peut revenir n'importe quand. Je vais en discuter demain avec lui et voir ce qu'il me propose.
Moi j'aimerais bien que l'on m'enlève ce sein qui m'angoisse, j'ai un mauvais pressentiment, je n'ai pas envie que dans quelque temps , on me dise désolée madame, mais vous avez un autre cancer. Mais je sais très bien aussi qu'ici en France, ils ne touchent pas aux organes sains, je verrai bien ce qu'il me propose.

5 Avril 2016

DOULEURS

Petit aparté, j'ai bien discuté avec mon oncologue la dernière fois, pour me faire retirer mon sein, et bien je l'avais bien pressenti, il n'a pas voulu même en bataillant, pourtant dans la famille nous sommes sujette au cancer du sein, et bien je n'ai pas eu le dernier mot, mais je lui ai fait comprendre que si cela revenait un jour se serait entièrement de sa faute et je suis partie en claquant la porte.
Plus j'avance dans le temps, les effets secondaires de l'hormonothérapie se font ressentir, en plus du reste des effets secondaires d'avant et ceux de la ménopause puisque les traitements m'ont déclenchés ma ménopause.
Les douleurs commencent à arriver petit à petit. J'ai commencé l'hormonothérapie, il y a cinq mois. Tout mon corps me fait mal, très mal, que ce soit la journée, comme la nuit.
Tous mes os sont douloureux, je ne pouvais pas penser que l'on pouvait avoir aussi mal à ce point aux os, oui avec une fracture d'accord, mais sans rien.
Mes articulations sont bloquées, je suis verrouillée de partout et le pire c'est le matin au réveil. La nuit, je suis réveillée par des bouffées de chaleur, c'est l'enfer en plus des douleurs. J' ai perdu le sommeil et la journée, je ne veux pas trop faire de

sieste, déjà que la nuit je ne dors pas, j'arrive à tenir je ne sais pas trop comment.

CE N'EST PAS PARCE QUE JE SUIS FORTE
POUR SUPPORTER LA DOULEUR
QUE JE LA MERITE NECESSAIREMENT

25 Avril 2016

VACANCES

Nous venons de partir, mon fils Mattéo, mon mari et moi, en vacances pendant une semaine en camping car. C'était magique de se sentir en liberté, loin de toutes ses obligations médicales, j'ai pu oublier le temps de cette semaine que j'étais malade.
J'ai vraiment déconnecté mon cerveau, je l'ai mis en mode vacance lui aussi.
Je me suis même accordé, une semaine sans hormonothérapie en accord bien sûr avec mon oncologue pour pouvoir vraiment décrocher.
Pas de traitement, pas de rendez-vous, pendant dix jours, je peux vous dire que cela nous a fait énormément de bien, même si dix jours, c'est court.
Nous sommes allés en Dordogne dans le Périgord noir. Nous avons fait beaucoup de visite, site archéologique, musée, aquarium de bons petits restaurants, je suis même montée à bord d'un bateau pour faire une longue balade le long des berges de la Roque Gageac, moi qui ai une peur bleue de l'eau et bien même pas peur, je me suis laissé portée.
Nous avons ramené pleins de photos souvenirs, nous avons décidé avec mon mari qu'il faudrait commencer les recherches pour pouvoir acheter notre camping car, pour pouvoir retrouver cette liberté qui nous avait tellement manquée.

C'est décidé nos prochaines vacances se feront à bord de notre camping car.

3 Mai 2016

HORMONOTHERAPIE

J'ai dû changer trois fois d'hormonothérapie depuis le début du traitement en janvier. Les deux premieres ne me convenaient pas du tout, des douleurs en continues et partout, tout le temps, je n'en pouvais plus, ne pouvais rien faire. Mon oncologue me disait, qu'il fallait un certain temps avant que le corps ne s'habitue, mais j'avais beau attendre rien n'y faisait, mon corps est têtu, comme moi, pourtant je ne suis pas douillette. J'ai dû batailler avec mon oncologue, pour qu'il me change de traitement, oui je bataille souvent, quand il s'agit de mon bien-être, je sais ce que je veux et ne veut pas. J'ai même voulu tout arrêter, envoyer tout balader, pour moi je n'étais pas en train de me soigner, mais plutôt en train de me détruire.

Mon corps n'était pas content, me le faisait bien comprendre. J'ai enfin trouvé un traitement qui me convient un peu mieux pour l'instant, même si en lisant les effets secondaires que cela peut vous faire, vous font peur. Ces effets secondaires ne sont pas très cool effectivement, ce traitement peut me déclencher des phlébites qui peuvent tourner en embolies, des bouffées de chaleur en plus de celle de la ménopause et le pompon un cancer de l'utérus même si c'est très rare, c'est quand même difficile à comprendre, on vous soigne d'un côté pour un cancer, mais le traitement pour éviter qu'il ne

revienne peut vous donner un autre cancer, on marche sur la tête. Plus tout le reste trop long à énumérer.
Je n'arrive pas à comprendre, pour te soigner une maladie, il faut prendre un traitement qui peut te filer d'autres maladies, et quand tu poses des questions, on te répond, vous n'avez pas trop le choix, soit tu prends ces merdes pour éviter que ton cancer ne revienne ou soit c'est à tes risques et périls.
Je n'ai jamais été aussi mal dans mon corps, que depuis que je me soigne pour cette fichue maladie avec tous ces traitements, avant je ne prenais que des plantes et tous se passer bien, pas d'effets secondaires.

26 Mai 2016

GYNECOLOGUE

Aujourd'hui, visite de contrôle, chez ma gynécologue. Nous en avons profité pour faire un frottis et une échographie de l'utérus, tout est parfait, rien à signaler. Elle m'a même remonté le moral en me disant qu'elle ne sentait plus les petits nodules en me palpant comme la dernière fois. Je suis un peu soulagée, mais j'attends de passer ma mammographie et échographie de contrôle et je pourrais enfin relâcher, parce que j'ai toujours ce pressentiment qui me ronge un peu, je n'en parle pas pour ne pas inquiéter tout le monde.

Elle doit me suivre tous les six mois pour les contrôles, pour envoyer un compte rendu à Bergonié. Pour l'instant, c'est elle qui me suit, plus près de chez moi et plus pratique pour moi, c'est moi qui fixe mes rendez-vous et non pas Bergonié, souvent, c'étaient des rendez-vous tard le soir, alors que j'étais en arrêt, j'avais toute la journée de libre

1 Juin 2016

EXAMENS

Je n'aime pas aller dans ce centre de radiologie, c'est ici que tout a commencé, à chaque fois que je suis venue passer des examens, toujours de mauvais résultats. C'est pour cela que je m'y rends la boule au ventre, mais je garde en tête ce que m'a dit ma gynécologue à propos des nodules

Résultats satisfaisants, rien à signaler, mon sein est limpide, mes nodules ont disparu.
Je vais pouvoir garder mon sein pour l'instant, mais à surveiller.
Je repars pour une fois avec le sourire de là-bas, mes larmes cette fois ci ne couleront pas.
Je téléphone à mon mari pour lui donner ces bonnes nouvelles.

13 Aout 2016

VACANCES

 Nous avons loué un mobile home pour une semaine à st Jean de Luz.

Le samedi matin, nous avons chargé la voiture et pris la route. Ma nièce, nous a accompagné, pour ne pas que mon fils qui du même âge ne se sente pas trop seul, elle était contente et lui aussi.
Le camping où nous allons est super pour les adolescents, pleins d'activités, piscine extérieurs et intérieur, salle de sport, la plage à cent mètres.
Pour nous, c'était plutôt balade et randonnées sur le bord de la côte, farniente les pieds en éventail.
Chacun trouve à s'occuper la journée comme il veut et le soir, nous nous retrouvons pour les repas.
Nous avons été faire un petit coucou à ma nièce à Cambo, nous avons été passer une journée avec eux, c'était sympa.
Nous avons passé une super semaine, nous avons ramené de belles photos.

1 Septembre 2016

TRAVAIL

J'ai pu reprendre mon travail, qui me manquait tant, retrouver mes petits, je suis assistante maternelle. Je suis restée en arrêt pendant un peu plus d'un an, il me fallait bien cela pour me remettre de ce tsunami qui c'était invité dans ma vie, dans notre vie.

J'ai dû passer une visite médicale du travail, mais j'ai dû batailler aussi pour pouvoir reprendre ma place avec les enfants. Je vous explique, je ne peux plus porter et surtout plus le droit aux charges lourdes par rapport au curetage que j'ai eu pour ma chaine ganglionnaire. Donc j'ai dû négocier d'arrache-pied, avec force auprès du médecin. Je leur ai donc proposé de me mettre une clause, pour que je ne travaille pas avec des bébés, trop de portage, mais je pouvais travailler avec des enfants qui marchent et qui commence à être autonome, avec des précautions bien sûr, comme je lui ai expliqué déjà dans la vie de tous les jours je me suis trouvé des techniques et ma kiné m'a donné pleins de conseils. Deviner, j'ai gagné, je suis une winner, je suis assez tenace quand je désire quelque chose, je ne lâche pas l'affaire aussi facilement.
J'ai dû écouler tous mes jours de congés que j'avais cumulé pendant mon long arrêt maladie.

Mes collègues, ainsi que ma direction étaient contentes de me retrouver.
J'ai recommencé mon travail avec une petite fille et deux petits garçons de deux ans, c'était vraiment chouette, je ne me sentais plus inutile en restant à la maison, j'avais repris une vie sociale et cela faisait vraiment du bien même si à la fin de la première journée j'étais bien fatiguée, mais là cette fois ci ce n'étais pas les traitements, c'était juste ma vie qui reprenait et j'en étais ravie.

ANNEE DE 2017 A 2018

Je continue à être surveillée tous les six mois, par ma gynécologue, qui a continuais le relais pour Bergonié, beaucoup plus facile pour moi et beaucoup moins loin. Bergonié m'imposait les dates de rendez-vous, avec mon travail, je vous rappelle que je suis assistante maternelle, ce n'était pas très pratique, il fallait replacer les trois enfants rien que pour une journée. Pour ma gynécologue, je pose mes rendez-vous à la date et l'heure de mon choix.

Les douleurs articulaires et musculaires font parties de mon quotidien, avec bien sûr les bouffées de chaleur de mon hormonothérapie mixées avec celles de la ménopause, ce n'est pas top, je n'en peux plus. Mes nuits sont hachées entre sommeil et réveil, tantôt les bouffées, tantôt les douleurs, tantôt les deux.
Rachelle mon ex-belle-sœur est partie rejoindre les anges, cela m'a dévasté, je n'ai même pas pu lui dire au revoir, mais je sais qu'elle est beaucoup mieux là où elle se trouve maintenant, elle est en paix et ne souffre plus parce que les derniers temps, elle souffrait le martyr. Elle a bien été accompagné en soins palliatifs. Au revoir mon petit ange.
Avec mon mari, nous avons enfin trouvé notre camping car, notre liberté d'évasion avec lequel nous partons régulièrement dès que nous le pouvons. Nous nous accordons en général une semaine en avril et deux semaines en aout

pendant nos congés et entre bien sûr des week-ends échappatoires des semaines compliquées. C'est vraiment super, aucunes attaches, nous allons où l'on veut libre comme l'air.

J'ai souvent voulu arrêter mon traitement d'hormonothérapie, je n'en pouvais plus de tous ces effets secondaires. En accord avec ma gynécologue, je m'accordais des pauses plus ou moins longues, c'était la condition pour ne pas que j'arrête totalement le traitement, je vous ai dit que je négocie beaucoup et souvent quand il s'agit de mon bien-être.

J'ai eu des hauts et des bas, mon moral jouait au yoyo, mais j'avais compris que les mauvais jours étaient bon à prendre, je ne pouvais pas être toujours à cent pour cent et j'avais le droit de n'être pas bien par moment avec tout ce que j'avais subi et traverser sans rechigner, nous ne sommes pas des machines, en général ces jours-là passaient assez vite, je suis assez positive dans la vie de tous les jours.

Je reste toujours vigilante sur mon état de santé, j'ai pris l'habitude d'écouter un peu plus les signes que m'envoie mon corps, je suis toujours en mode combat, mais pas tout le temps, j'ai des micro métastases qui se baladent, on ne peut rien faire pour les choper ou les arrêter, du jour au lendemain, elles peuvent décider de se poser sur un de mes organes, mais je reste positive et confiante et continue de bien faire mes contrôles techniques.

Le cancer fait partie et fera partie de ma vie jusqu'à la fin, je l'ai acceptée, mais je ne lui laisserai aucune place pour m'envahir de nouveau.

En deux mille dix-huit, j'ai découvert une super association, " sœur d'encre by rose tattoo ", qui s'occupe des femmes touchées par un cancer, héroïnes du quotidien. Depuis deux mille seize cette association offre des tatouages à des femmes ayant souffert d'un cancer du sein. Débuté à la maison rose de Bordeaux, la semaine rose tatoo se développe dans plusieurs villes maintenant, grâce aux tatoueuses bénévoles et différents partenaires.

J'ai fait partie de cette belle aventure humaine, me suis fait tatouer sur ma cicatrice, c'est magnifique. Je remercie toute l'équipe qui a participé à me redonner le sourire, à remettre de la couleur dans ma vie, je ne me regardais plus nu devant le miroir, me rappeler trop de souffrance. Mon tatouage représente un arbre de vie bien enraciné qui représente ma famille et un bouddha assis devant pour ma façon de vivre et la zen attitude que j'essaye d'avoir tous les jours.

Je vous mets le lien de l'association, vous pouvez aller voir leur site pour voir leur travail.

https://www.soeursdencre.fr

Mon tatouage fait l'association

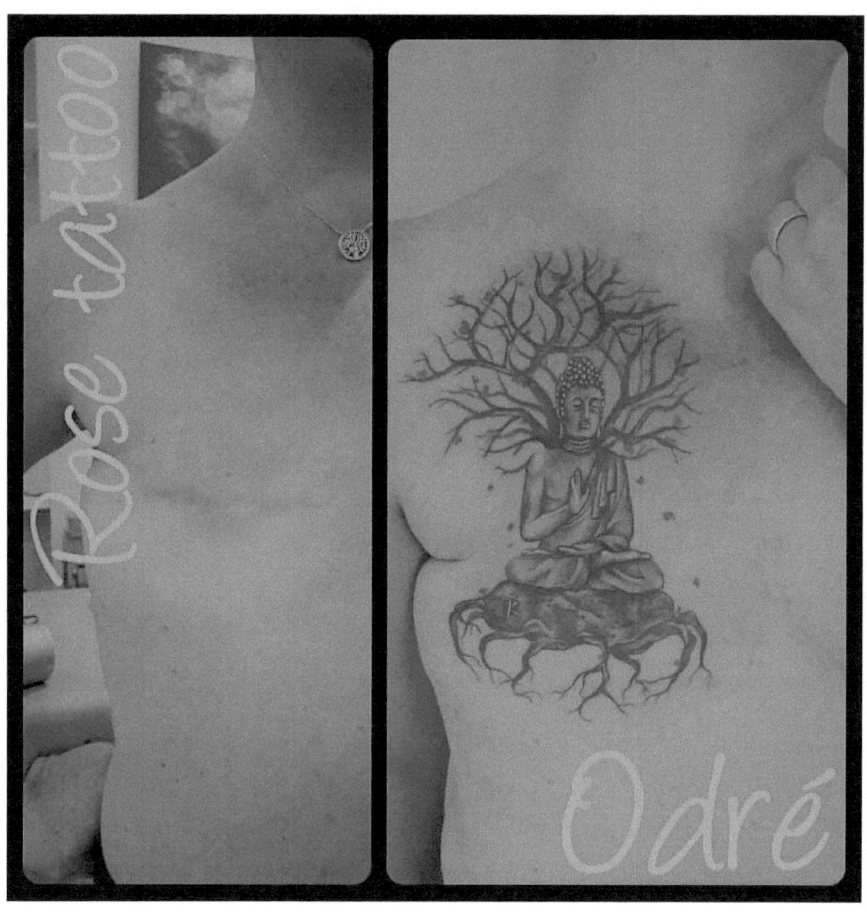

3 Mai 2019

MAMMOGRAPHIE

Aujourd'hui je dois passer une mammographie de contrôle pour le sein qu'il me reste. Nous surveillons de près pour voir si les nodules ou autres cellules ne réapparaissent. J'y vais confiante jusqu'à maintenant tout rouler merveilleusement bien.
Je passe mon examen et là le médecin me dit qu'il faut que je passe en plus une échographie parce qu'il voit une petite masse. Mes mâchoires se serrent ainsi que mes poings, j'ai envie de taper là tout de suite sur mon oncologue qui n'avait pas voulu m'écouter et m'enlever ce sein quatre ans plutôt.
Le médecin programme une biopsie deux jours après.
Je m'en vais de là complètement à l'envers, j'appelle mon mari en pleurant, comment je vais devoir annoncer encore une mauvaise nouvelle à mes enfants.
Le six mai deux mille quinze, on m'annonçait que j'avais un cancer du sein et là quatre plus tard je ne voulais pas croire que l'histoire se répétait.
Je suis dégoutée.

6 Mai 2019

BIOPSIE

Mon mari est avec moi, comme pour la première, nous ne sommes pas très rassurés.
Quand j'ai dû annoncer aux miens que j'avais une tache dans mon sein, j'ai commencé à les préparer pour la suite parce que je savais très bien au fond de moi que le cancer était revenu, me squatter, merci aux micro métastases.
Nous attendons main dans la main que l'on m'appelle.
Le médecin vient me chercher, commence à m'expliquer l'examen, mais gentiment, je lui explique que je connaissais déjà et que ce n'était pas la première biopsie, elle comprit quand elle me demanda de me déshabiller.
Pendant la biopsie, le médecin me fait plusieurs prélèvements et comme pour la première ça put, je connais déjà le résultat au vu du nombre de prélèvements
La biopsie faite, je repars finir de remplir mes papiers et rejoint mon mari qui m'attends dans la salle d'attente, il me voit arriver le visage fermé et comprends tout de suite.
Le médecin revient vers moi, pour me dire qu'elle va faire accélérer les choses pour avoir les résultats rapidement.
Nous repartons en silence sur le chemin du retour.

13 Mai 2019

RESULTAT

Je connais mes résultats, je sais déjà ce que l'on va m'annoncer sans avoir vu le médecin.
J'arrive avec mon mari, je me fais enregistrer, je ne parle pas beaucoup, mes mâchoires sont verrouillées.
Le médecin vient me chercher et je sais qu'à son regard que mon pressentiment aller se valider. Ellem'explique que c'est une tumeur, essaye de dédramatiser en me disant quelle est toute petite. Elle appelle devant moi Bergonié pour programmer un rendez-vous avec mon oncologue, je l'attends au virage celui-là, j'ai beaucoup de chose à lui dire et beaucoup de colère à sortir.
Sur le trajet du retour, je sens la colère m'envahir, il me tarde d'arriver à la maison pour la laisser éclatée.
Dès que je franchis ma porte d'entrée, j'explose, je hurle, je tape sur tout ce que je trouve, je défonce même à coup de pied une poubelle en métal dans mon jardin, les voisins ce jour -là, on dut me prendre pour une hystérique.
Mon mari me laisse exploser, il sait que j'en ai besoin et doucement me prends dans ses bras et me dit les mots qu'il faut pour me calmer et m'apaiser.
Je suis épuisée de toute cette colère, je me couche sur le canapé pour m'endormir et tout oublier.

21 Mai 2019

ONCOLOGUE

Me tarde de me retrouver devant lui, j'ai beaucoup de choses à lui dire.
J'attends dans la salle d'attente, je me suis d'abord présentée devant la secrétaire qui n'a rien compris, quand je lui ai dit deuxième service, humour bien sûr, j'essaye de me détendre avant de me retrouver face à face avec lui, parce que j'ai plutôt envie de lui mettre mon poing dans la figure, que d'avoir un échange verbal avec lui, j'ai peur de disjoncté, je me connais, rappelez-vous la descente au bloc avec le brancardier.
C'est mon tour, il me reconnait tout de suite et voit à mon visage que je ne suis pas contente et s'imagine un peu ce qu'il l'attend, il s'est très bien que je ne suis pas venue lui taper la causette, il me connait très bien, il sait que je suis une patiente exigeante, je sais ce que je veux et ne veut pas.
Je m'assois bien face à lui, droite sur ma chaise, le visage fermé. Et lui enchaine tout de suite.
"Je sais que vous êtes en colère par rapport à la discussion, que l'on a eu la dernière fois pour votre sein, mais comprenez-vous bien, que nous ne pouvions pas enlever un organe sain sur un simple pressentiment d'un patient, bla, bla, bla..."
Je lui ai répondu très calmement, je me suis étonnée moi-même

" je trouve tout de même bizarre qu'avec les antécédents de cancer du sein dans ma famille, vous ne m'aviez pas pris au sérieux et entendu parce qu'aujourd'hui je me retrouve devant vous pour un autre cancer du sein alors que l'on aurait pu l'éviter"
Il commence à me présenter le protocole de soin. Je l'écoute bien attentivement et une fois qu'il eut terminé, je lui ai expliqué mes attentes à mon tour.
Petit un : je voulais que l'on me retire ce sein, et non pas juste un curetage de la tumeur comme il me le préconisait.
Petit deux : je voulais que ce soit ma chirurgienne qui s'occupe de moi comme pour mon premier, tout c'était bien passé, j'ai total confiance en elle.
Petit trois : je ne voulais pas de traitement lourd ensuite, je m'étais déjà renseigner auparavant, que la tumeur que j'avais était petite et que je pouvais me faire enlever le sein et n'avoir que de l'hormonothérapie par la suite, si les examens suivants étaient positif et s'il n'y avait pas de métastase.
Je lui ai bien fait comprendre que cette fois ci c'est moi qui décidé et que c'est lui qui appliqué. Je voulais arrêter mon travail, juste, pendant la période de ma convalescence qui sera de quelques jours, maximum un mois.
Il n'a pas bronché et a validé mon choix, il a bien vu que j'étais bien renseignée sur le sujet et il savait surtout que cela ne servait à rien de batailler avec moi, qu'il serait perdant à la fin.
Il m'a programmé mon rendez-vous avec la chirurgienne et m'a fait mon ordonnance pour mon IRM.

Ah oui, il me glisse quand même, que ce n'est pas parce qu'on m'enlève mon sein, que je serai débarrassée à tout jamais du cancer, vu mes antécédents avec mes micro métastases, bim dans ma face, je pense qu'il était un peu vénère de la façon dont le rendez-vous avait tourné, il n'avait pas eu le dernier mot et cela l'insupporter. J'en ai bien conscience de cela, je dois vivre avec et lui répond que si cela arrive, nous aviserons au moment voulu, que j'étais devant lui pour qu'il s'occupe de mon cancer du sein et qu'il n'avait pas été très sympa, de me balancer tout cela, comme ça, sans y mettre les formes, que c'était quand même violant.

Après les formes de politesse, je suis repartie voir la secrétaire pour qu'elle valide mon prochain rendez-vous. Et je peux vous dire que j'étais fière de moi, d'avoir pu lui parler comme ça et d'avoir pu m'imposer devant un spécialiste qui très souvent ne nous écoute qu'à moitié je m'en étais rendu compte déjà pour le premier, mais dommage pour lui, je suis une personne qui dit ce qu'elle pense et je ne me laisse pas marcher sur les pieds quand je sais que j'ai raison.

10 Juin 2019

CHIRURGIENNE

J'ai fait mes examens, le scanner et l'IRM rien à signaler. Il m'avait rajouté un scanner en plus de mon IRM.
Je me rends donc à mon rendez-vous avec ma chirurgienne, soulager que les examens n'ont rien trouvé de plus.
En rigolant toutes les deux on se dit
"on ne change pas une équipe qui gagne"
Elle se rappelle encore la série de catastrophes, que j'avais eu et s'en excuse et me dit que cette fois, elle ferait très attention, en rigolant je lui dis que je ne voulais pas traumatisé un autre brancardier, nous sommes parties à rigoler toutes les deux, avant de reprendre notre sérieux pour la suite de l'examen.
Je lui explique mon choix et comprend très bien mes attentes. Elle regarde sur son agenda les places disponibles qu'il lui restait et validons ensemble une date au mois de juillet.
Bizarre toutes ces coïncidences, vous ne trouvez pas. En mai deux mille quinze et deux mille dix-neuf, annonce d'un cancer suite à une mammographie, chirurgie pour mastectomie en juillet deux mille quinze et deux mille dix-neuf, heureusement pour moi que les tumeurs ne sont pas les mêmes, la première plus grosse et plus agressive que la deuxième.
Je prends congés et rentre chez moi, bien rassurée

8 Juillet 2019

COUIC LA TETE
(deuxième service)

J'arrive avec mon mari et ma valise, je vais au secrétariat pour me faire enregistrer pour mon hospitalisation.
On m'accompagne à ma chambre flambant neuve, ils ont refait toute une partie d'une aile de l'hôpital, les chambres en avaient vraiment besoin, cela devenait glauque et sinistre. Ma nouvelle chambre est claire et sympa avec la salle de bain à l'intérieur. Je range mes affaires et part me doucher, pour bien me désinfecter avec le produit que l'infirmière m'a donné, j'enfile ensuite la super tenue sexy pour pouvoir descendre au bloc. L'infirmière est passée le temps que j'étais sous la douche et à laisser à mon mari les deux petits comprimés, qui m'aideront cette fois ci à me détendre et à m'assommer, les consignes cette fois sont bien passée.
Le brancardier vient me chercher et j'ai même pu plaisanter avec lui, avant de sombrer.
L'opération s'est bien passée, ainsi que le réveil, personne n'a été secouer ou traumatisé.
La chirurgienne est venue nous voir en fin de journée, pour nous expliquer comment c'était dérouler l'opération, qu'elle n'avait pas eu besoin de toucher à la chaine ganglionnaire puisque mon ganglion sentinelle étain sain, ma tumeur n'avait pas eu le temps de faire de dégât. Cela avait été pris à temps.

Super nouvelle pour nous, car je sais que je n'aurais pas de gros traitement pour la suite, juste de l'hormonothérapie pendant cinq ans.
Nous voilà bien rassurer avec mon mari, nous pouvons relâcher la pression.
Je suis restée hospitalisée une bonne semaine, j'avais mon drain qui n'arrêtait pas de couler.
À ma sortie, j'ai récupéré toutes mes ordonnances pour les soins à domicile.
Chouette, je pouvais rentrer chez moi.

1 Aout 2019

VACANCES FORCEES

Je suis en arrêt depuis le mois de juillet et compte bien reprendre le travail en septembre si tout va bien.
Ce mois d'aout me permet de me reposer des suites de l'hospitalisation de juillet
Les infirmières sont venues me faire les soins pendant un bon moment à la maison, ma plaie n'arrivait pas à se refermer, même une infirmière à téléphoner à ma chirurgienne pour comprendre un peu ce qui se passait. En fait, elles se sont rendues compte qu'un fil à l'intérieur n'était pas résorber, à force de me mettre de petites mèches dans le petit trou de ma cicatrice qui ne se refermait pas, il a fini par monter le bout de son nez et l'infirmière avec une pince à épiler a pu le choper. Une fois le fil enlever comme par magie, ma plaie, c'est vite refermée et j'ai pu vite cicatrisé par la suite.

1 Septembre 2019

TRAVAIL

J'ai pu reprendre le travail comme je l'avais prévu et laisser ce cauchemar derrière moi. Contente de pouvoir à nouveau travailler et revoir mes petits.
Ma cicatrice est jolie et bien refermée, je continue de l'hydratée un maximum.
Nous continuons avec mon mari, de profiter de notre camping car le plus possible, dès que nous le pouvons, nous chargeons nos affaires, pour nous échapper et profiter, même pour deux jours.
Je vis au jour, le jour et profite de chaque instant de la vie.
Je continue bien sûr mes contrôles chez ma gynécologue et mon hormonothérapie avec tous ses inconvénients. Malheureusement, je n'ai pas trop le choix, si je ne veux pas que mes deux cancers ne reviennent. C'est compliqué pour moi, parce que je vois bien les dégâts que cela cause dans mon corps, surtout au niveau de mon foie, j'ai appris dernièrement que cela pouvais me donner une stéatose du foie non alcoolique, depuis je contrôle régulièrement par des bilans sanguins qui à chaque fois ne sont pas bons au niveau du cholestérol et des gamma GT.
Il va falloir un bon coup de ménage à ma façon avec des plantes pour bien nettoyer tout cela.

FACE AU CANCER, J'AI DECIDE DE SOURIRE

SOURIRE
Citation

Rien n'est plus beau qu'une personne en renaissance... quand elle se relève après une chute, une tempête et se retrouve plus forte et plus belle qu'avant. Avec quelques cicatrices de plus dans le coeur, sur la peau, mais avec la volonté de bouleverser le monde, du moins avec un sourire !!

14 Novembre 2019

LA VIE APRES

Je recommence peu à peu, à retrouver mon corps malgré les effets secondaires du traitement d'hormonothérapie, ils sont nombreux et ne se déclenchent pas tous en même temps heureusement, quand l'un vous laisse un peu tranquille, l'autre prend le relais. Ce n'est pas toujours facile tous les jours, en plus des effets secondaires de la ménopause, j'essaye de ne pas trop me plaindre, pour ne pas inquiéter mon entourage. Le plus difficile, c'est la fatigue qui s'accroche à toi sans te lâcher, même en te reposant un maximum, elle est toujours présente, plus de pile comme je dis souvent. Pour les douleurs articulaires et musculaires, j'ai trouvé une parade qui fonctionne plutôt bien pour moi, je me suis mise à l'aquagym, deux fois par semaine, j'ai beaucoup moins de douleurs, en plus l'aquagym ce n'est pas violant pour le corps, cela m'a était conseillé par ma gynécologue et ma kiné.
Ces quelques mois ont été super difficiles et violants par moment, combien de fois j'ai voulu envoyer tout balader. Découvrir sa maladie, accepter ce qui nous arrive, se faire opérer deux fois, traverser la chimiothérapie, subir les rayons, gérer sa vie personnelle au milieu d'une tempête, se battre. Comment fait-on pour ressortir de tout cela sans être abimée, fatiguée, il faut tout reconstruire après tout cela, mais bon pas trop le choix, c'était mon combat.

Une femme ayant perdu un sein, pour moi les deux, se retrouve dans une situation où elle doit effectuer un véritable travail de deuil. Celui-ci sera plus ou moins rapide, plus ou moins difficile, comme face à toute autre situation de deuil ou de perte, de mobiliser énergie et ressource psychologique. Le deuil du sein passe par l'acceptation de ce nouveau schéma corporel, pouvoir à nouveau se regarder, se toucher, s'aimer comme on est, puis montrer sa cicatrice sont des étapes parfois pénibles et compliqués, mais nécessaire pour avancer. Je n'ai jamais été attiré par une reconstruction, trop long, trop douloureux, je ne voulais plus que l'on me touche, que l'on me blesse, je voulais tous simplement tourner la page rapidement. Après la première mastectomie, avec mes gros pansement, devant le miroir je n'ai pas été du tout choquée de me voir ainsi, je m'étais bien préparer en amont, j'avais fait le deuil de mon sein, je lui avais dit tout simplement au revoir et je savais surtout que c'était pour mon bien. J'ai facilement accepté au début, de me regarder dans le miroir, j'y allais tout doucement pour pouvoir apprivoiser ce nouveau corps que je ne connaissais pas encore, nous avons fait connaissance, petit à petit. Au fil du temps les cicatrices se sont estompées, la souffrance de la perte aussi, l'une est recouverte d'un joli tatouage et l'autre est en attente d'en recevoir un.
Pour moi la féminité ne s'est jamais limité aux seins. Aujourd'hui, je me sens toujours aussi femme et je continue de m'habiller avec des vêtements près du corps. C'est comme si le temps avait fait son effet, l'habitude adoucie beaucoup les choses, le regard porté sur soi s'assoupli tellement. J'ai

véritablement apprivoisé ce nouveau corps et je mesure chaque jour ma chance d'être vivante. Et puis ces cicatrices, c'est ma vie. Le cancer a laissé des traces visibles sur mon parcours, c'est sur, mais maintenant cela fait partie de moi. Bien sûr que pour rien au monde, je n'aurais voulu cette mutilation. Mais contrainte et forcée, j'ai dû accepter et me résigner pour pouvoir passer à autre chose, pour avancer. Maintenant que je m'estime sauver, hors du danger, que je regarde derrière moi, je perçois la force et le courage que j'ai eu pour traverser et rester digne malgré tout.

Finalement, c'est comme si je me sentais à même d'assumer ce nouveau combat : vivre et m'accepter comme je suis. Comment vous avouez qu'aujourd'hui quand je me regarde nue devant le miroir, je suis fière de mes cicatrices, elles signifient tant de choses pour moi et je suis la seule à savoir tout ce que nous avons traversé et endurer ensemble. C'est la marque de mon combat contre la maladie, mais c'est aussi la preuve que je suis bien vivante. Et je peux vous dire que, quand vous êtes passée par là, vous savez ce que cela veut dire !

Fin deux mille vingt, j'ai arrêté mon hormonothérapie, ne supporter plus tous ces effets secondaires qui se mélangeaient à ceux de la ménopause. J'avais le foie bien malade, il était devenu gras et gros, mon cholestérol était au taqué, mes bilans sanguins étaient catastrophiques, je ne pouvais plus supporter que cette hormonothérapie me détruire ainsi. Depuis j'ai fait mon grand ménage avec mes plantes pour tout bien nettoyer des toxines, qu'avait emmagasiné mon foie. Mes bilans sanguins sont revenus à la normale.

J'ai changé aussi ma façon de m'alimenter, j'avais pris énormément de poids entre les traitements et la ménopause, je ne pouvais plus me regarder dans le miroir, l'image de ce corps gonflé et déformé ce n'était plus possible. Je me suis mis aussi à faire quelques activités sportives en plus de l'aquagym cela fait du bien à la tête aussi. Juste reprendre le contrôle de tout cela, je suis à nouveau bien dans mes baskets.

Mon chemin a été semer d'embuche, mais je suis toujours debout, encore plus forte qu'avant, je mords la vie à pleines dents, je profite de chaque jour, ne me prends plus la tête, je vis tout simplement.

Certains pensent que la vie est un combat dont il faut survivre. Je pars du principe que chaque jour est une occasion de plus de la savourer. Et j'essaie de transmettre cette philosophie en partageant avec vous, mon parcours qui m'a fait raisonner et voir autrement. Ce journal m'a accompagné pendant tout mon parcours avec des hauts et des bas. Grâce à lui j'ai pu évacuer mes émotions négatives, et mieux profiter des joies de vivre.

ALAIN

Au début, tu n'étais que le collègue de mon mari, nous sommes devenus des amis avec le temps et nous nous voyons régulièrement pour manger ensemble autour de bons repas que tu aimais préparer, tu adorais cuisiner. Mais la maladie, nous a vraiment réunis, le jour où l'on t'a annoncé que tu avais un cancer de la prostate, en plus, d' un cancer du poumon révélait par d'autres examens. Celui de la prostate avait métastasé dans ta colonne vertébrale et tu disais en rigolant que ta colonne ressemblait à un sapin noël. Tu as été suivi tout comme moi à Bergonié, mais tu as vite changé d'endroit pour te faire suivre tout d'abord pour te rapprocher de chez toi et surtout parce que cela ne coller pas du tout avec ton oncologue qui te prenais pour un guignol.

Ton cancer du poumon n'est pas opérable, ils veulent tout stabilisé d'abord en commençant par de grosses chimios, pour que tes métastases et tes tumeurs arrêtent d'évoluer.

Nous en avons parcouru des choses difficiles et compliquées tous les deux, tu étais devenu mon confident et moi la tienne, nous nous soutenions mutuellement et nous nous racontions les choses que nous seuls pouvaient comprendre, pour protéger toi ta femme, moi mon mari et nos familles. Quand l'un n'étais pas bien, il pouvait toujours compter sur l'autre pour l'écouter et l'aider à continuer. Je peux te garantir que par moment, tu étais très convaincant, pour que je continue mes traitements sans que je laisse tombé. C'était comme un pingpong nous deux, tantôt l'un, tantôt l'autre.

Tu souffrais le martyr, mais ne le montrait jamais, très souvent tu souffrais en silence et tu encaissais comme personne, tu lui faisais front à cette merde et pendant très longtemps, même si tu savais que cette maladie t'emporterait, on en parlait très souvent de tout ça, plus les jours passés et plus tu réussissais à reculer cette échéance. Quand tu as su pour mon deuxième cancer, tu m'as appelé et tu en étais désolé, nous avons pleuré ensemble, mais tout de suite après tu m'as rassuré et tu m'as dit je te cite "tu as bien réussi à niker le premier, donc le deuxième j'en suis sûr tu vas y arriver.

C'étais dur pour toi de te voir diminuer jour après jour, alors que tu étais une force de la nature. On en parlait souvent parce que l'on se comprenait, on vivait les mêmes choses avec toutes ces transformations qui peuvent arriver pendant les traitements. Nous nous sentions démunis, impuissants et plus bons à rien, on avait l'impression de ne plus faire partis de la société, ils avaient tous une vie bien réglée et nous notre vie, c'était la maladie, au rebu tout simplement.

Heureusement pour nous, dans notre malheur, nous avons été super bien accompagné toi par ta femme et moi par mon mari, la famille et quelques amis qui sont restés que la maladie n'a pas fait fuir.

Tu as été un battant, tu as même essayé différents traitements qui t'ont bien abimé, mais toi tu n'as rien lâché même quand tu étais au plus bas, à chaque fois tu te relevais pour recommencer.

Et puis est arrivée cette pandémie de merde, où tous c'est arrêter pour les malades, priorité au virus, toutes les autres maladies disparaissaient, on entendait plus que parler de ce virus. Les hôpitaux étaient débordés et commençaient par annuler tous les rendez-vous des patients en chirurgie, en consultation, en suivi médicale, en chimio, en plus tout le reste.

Et toi dans tout cela, ton oncologue t'a oublié, ta femme n'arrêtait pas de les relancer pour que tu puisses avoir un rendez-vous, avoir de nouveau la continuité de tes traitements parce que tu avais décidé de faire une pause de ces gros traitements lourds, tu avais besoin de récupérer un peu et tu le méritais. Quand ils ont bien voulu te recevoir, ils t'ont refait des examens et là catastrophe, les résultats n'étaient pas bons et bien pires encore. Cela m'a arraché le cœur quand tu nous l'as annoncé. Ton oncologue en plus, lui a bien rebondi, c'est vite dédouané, il t'a même rejeté la faute dessus parce que c'était toi qui avais voulu arrêter pendant un temps, heureusement que ta femme à insister pour avoir un rendez-vous au plus vite, sinon je pense que tu attendrais encore qu'il te contacte, tous des irresponsables.

Tu as pu continuer tes traitements, mais c'était de pire en pire pour toi, tu avais de plus en plus d'effets secondaires très douloureux, tu perdais énormément de poids parce que tu n'arrivais plus à t'alimenter normalement, pourtant toi qui aimais bien les bonnes gamelles, tu adorais cuisiner, tout cela disparaissait et toi tu ne pouvais rien y changer. Tu allais de plus en plus mal, tu n'arrivais plus à avaler sans que cela ne te fasse mal, tu dépérissais à vue d'œil, ton médecin décide de mettre en place les soins palliatifs à ton domicile. Des réunions sont faites à ton domicile avec toutes les équipes qui allaient s'occuper de toi et soulager ta femme.

On s'appelle et tu m'expliques tout cela, tu me dis aussi que c'est ta dernière ligne droite avant ton point final, je te remonte le moral, mais je comprends très bien et nous décidons d'un commun accord de ne plus en parler, tu m'as juste fait te promettre que le jour où cela arriverait, je devrais te laisser partir et te dire je te cite:" lâche l'affaire, tu peux t'en aller et partir maintenant" je te l'ai promis et j'ai tenu ma promesse.

Le dimanche dix-huit juillet avec ta femme, vous avaient décidé d'organiser un repas, pour que l'on puisse se retrouver entre nous avec la famille. Je pense qu'au fond de toi, tu devais sentir et arriver cette échéance parce que durant la journée, tu as pu et voulu discuter avec quelques-uns, et pendant toute la journée pratiquement tout le monde est venu te parler. Nous avons eu une longue discussion tous les deux que je garderai pour moi, c'est notre secret. Tu étais content de voir tout ton petit monde autour de toi, je voyais que tu étais super fatigué, mais tu ne le montrais pas. La journée, c'est super bien passé, nous avons même bien rigoler, mais la fin de la journée arrivait et malheureusement tout le monde a dû repartir chez lui. Nous t'avons laissé, ton visage, c'était rallumé et apaisé après cette journée entouré

par les tiens. Le soir mon téléphone sonne et c'était ta femme qui m'appelait en pleurs, pour me dire qu'elle avait fait venir en urgence l'infirmière qui t'avais mis sous morphine parce que tu n'allais vraiment pas bien et que tu avais de plus en plus de mal à respirer. Je n'ai pas réfléchi, j'ai demandé à mon mari de me ramener auprès de toi et de ta femme, je ne pouvais pas la laisser toute seule comme ça, je t'avais promis que je serai là pour elle quand le moment arrivé. La route m'a parue bien longue ce soir-là. Quand nous sommes arrivés avec mon mari, ta femme s'est jetée dans nos bras en pleurs et nous sommes restés là un bon moment pour la calmer avant de venir te voir dans ta chambre. Tu étais là allongé dans ton lit branché à ton fil de pompe à morphine, ton fil qui t'amenait ton oxygène, tu as réussi à ouvrir un œil quand tu nous as entendus, je t'ai dit que je resterai ici toute la nuit pour te surveille, pour vous surveiller et puis tu as refermé tes yeux. Mon mari est reparti parce qu'il travaillait le lendemain, moi j'avais pris les dispositions nécessaires et appeler ma cheffe pour lui dire que je ne pourrais pas être présente.
Ta femme s'est allongée à côté de toi pour se reposer, elle ne tenait plus debout, elle voulait surtout être tout près de toi, moi je me suis installée dans le salon et je venais vous voir régulièrement, vous étiez beaux tous les deux enlacés, tu lui tenais sa main et tu avais ta tête enfouie dans ses cheveux comme pour respirer son odeur, tu avais l'air apaisé. Vers quatre heures, je t'ai entendu parler avec ta femme, et je suis arrivée presque en courant dans la chambre pour voir si ce n'était pas un rêve. Là je te vois assis à côté d'elle, un grand

sourire sur ton visage et tu me dis coucou ma petite nat , tu étais content de me voir et moi aussi, ce n'étais donc pas un rêve, c'était bien la réalité, je me suis retenue de chialer, tu n'aurais rien compris et je ne voulais pas gâcher ce beau moment qu'il nous arrivait à tous les trois. Tu as décidé que c'était le moment de ce boire un café, tu avais la pêche, tu as souvent plaisanté aussi, tu nous as bien fait rigoler avec ta femme, quel beau moment tous les trois dans cette chambre, je ne l'oublierai jamais. Nous avons discuté pendant un petit moment même si par moment tu nous disais des choses complètement incohérentes, mais c'était la morphine qui te faisait cela, on n'aurait jamais dit que tu venais de subir un gros choc quelque heure auparavant, on n'aurait jamais dit en fait que tu étais malade. Nous nous sommes recouché un peu jusqu'au matin.

Là branle-bas de combat, le matin dans la maison, on devait venir t'installer un lit médicalisé pour ton confort, tes bouteilles d'oxygène pour t'aider à respirer parce que tu en avais de plus en plus besoin et l'appareil pour les recharger, heureusement que j'étais présente pour aider ta femme, car ils sont tous arriver pratiquement au même moment, elle n'aurait pas pu tout gérer en même temps, même s'il elle gère tout parfaitement depuis le début, tu as une femme extraordinaire. Ton frère aussi est arrivé ce jour-là, j'ai pu discuter un long moment avec lui, pour lui expliquer tout ce qui venait de se passer, mais lui le pauvre n'a pas eu cette chance de te voir réveiller parce que quand il est arrivé, tu étais déjà reparti dans un semi-coma depuis la fin de la matinée quand nous t'avions installé avec l'infirmier dans ce lit médicalisé que tu refusais.

Pendant l'après-midi, je me rendais souvent à ton chevet ainsi que ta femme et ton frère, pour voir si tu allais bien. Le matin avant que tu ne repartes, nous avons eu cette fameuse discussion, tu me disais que tu étais fatigué et que tu n'en pouvais plus, que tu voulais t'en aller, j'ai vu dans ton regard que tu attendais que je te dise cette phrase, mais tu ne voulais pas que j'en parle à ta femme, elle se serait écroulé et tu ne l'aurais pas supporté, j'espère qu'elle pourra comprendre un jour ce que j'ai fait pour toi et pourra me pardonner de t'avoir accordé ce que tu souhaitais, tu savais très bien que pour elle, il lui était impossible de te dire cela, elle te demandait de t'accrocher et je la comprends très bien, elle ne voulait pas que tu partes. Mais tu savais aussi que pour toi il fallait que tu entendes ces mots-là, je ne lui ai toujours pas dit, je n'y arrive toujours pas, je me rappelle quand je suis partie le lundi, elle m'a demandé si tu allais encore te réveiller comme la nuit d'avant, je lui avais répondu que tout était possible, je lui avais donné un peu d'espoir.

Alors je t'ai pris les mains, t'ai caressé le visage et puis-je t'ai dit " lâche l'affaire maintenant, tu peux t'en aller si tu le désires, des larmes roulaient sur mes joues en même temps que je te parlais, tu me les as essuyé de ta main, et je t'ai promis que je m'occuperai de ta femme, que je l'aiderai à traverser tous cela. À la fin de la journée, tu n'étais toujours pas réveillé, une infirmière est venue te faire des soins, mon mari est venu me rechercher après sa journée de travail, je t'ai caressé ton front et y déposer une bise juste ensuivant, c'était notre code à tous les deux comme ça tu savais que c'était moi. Une fois arriver chez nous, je savais très bien que je ne te reverrai pas vivant, j'avais fait et dit ce qu'il fallait comme tu le souhaitais, pour que tu partes en paix.

Le soir ta belle-fille m'a appelé pour nous annoncer que tu étais parti, mais je le savais déjà toi aussi tu avais respecté le deal que l'on avait passé tous les deux, il fallait que tu m'envoies un signe pour me dire que tu étais parti, en rentrant le soir je m'étais allumée une bougie et cette bougie s'est éteinte en même temps que toi et au même moment dehors j'ai vu s'envoler une lanterne et j'ai eu un courant d'air dans le dos. Je me suis effondrée dans les bras de mon mari, mais je savais que tu étais là où tu voulais être, et surtout que tu ne souffrais plus. La maladie nous avez uni, nous étions devenu tellement proche tous les deux, on se comprenait tellement et c'est pour cela que l'on avait une grande confiance l'un envers l'autre jusqu'à que tu veuilles que ce soit moi qui t'autorise à partir, tu étais mon ami, mon frère, mon binôme dans le combat, tu étais mon repaire aussi, tu étais tout cela à la fois et tu le resteras.

Le vendredi vingt-trois juillet, c'est le jour ou tout le monde est venu te dire un dernier au revoir. Tu étais là, allongé, dans ta nouvelle demeure, froid, mais tellement apaisé, ton visage détendu, n'est plus marquer par la douleur. Je t'ai caressé le visage et déposé une bise en suivant, notre petit code à nous. Avec les filles de ta femme et mon mari, nous l'avons soutenu, elle était en mille morceaux, c'était terrible, elle ne voulait pas te lâcher et pendant un petit moment, nous avons essayé de la raisonner, nous étions attendus au crématorium. Je la comprenais tellement, comment arriver à laisser partir l'amour de sa vie. J'ai hurlé ma douleur à l'intérieur, nous ne verrions plus ton beau sourire et tes beaux yeux bleus.

La cérémonie était à ton image, ta femme et ses filles y ont mis toutes leurs tripes malgré leur douleur. L'éloge funèbre qu'elles ont écrite en ton honneur était tout simplement magnifique et surtout plein d'amour, j'en suis sûr, tu aurais eu la larme à l'œil, moi mes poils se sont dressés et mes larmes n'ont pas arrêté de couler pendant leur lecture, elles ont été fortes pour toi, tu peux en être fière. Tu nous as fait ta dernière blague quand même avant de partir, tu as stoppé la machine dans son parcours et avec ta femme, nous y avons vu un dernier signe de ta part, avant de partir pour ton grand voyage.

Je sais que tu ne seras plus jamais là, parmi nous, mais je sais aussi que tu continueras de nous envoyer tes petits signaux à tous, pour nous montrer que tu es bien là où tu te trouves, que tu es enfin en paix. Maintenant tu te reposes à côté de ta maman.

Merci à toi d'avoir fait partie de nos vies, nous ne t'oublierons jamais, nous parlons encore de toi et nous continuerons à te faire vivre à travers nous.

REMERCIEMENTS

Un grand merci à vous tous de m'avoir permis de passer et traverser tous cela, vous avait été ma force et mon courage.
Mes enfants et mon petit-fils d'avoir été présent même si je sais que cela n'a pas été toujours facile pour vous.
Mon mari, mon amour, d'avoir était solide pour deux, attentif et efficace, toujours présent à mes côtés pendant les soins, en respectant mes larmes et mes colères, merci de m'avoir fait sentir femme tous les jours un peu plus.
Ma famille, de m'avoir bien entourée et protéger, d'avoir eu toujours ce côté positif.
Mes amis, merci à ceux qui sont restés.
Mon frère Olivier pour ces magnifiques photo.
Mes collègues de travail qui m'ont bien soutenu.

Tables des matières

Résultats..7
IRM..10
Bergonié...12
Bad day..16
Pas bien...19
Scintigraphie..21
Attente résultats...24
Scanner...26
Couic la tête..27
Docteur Fournier..30
Oncologue..32
Première chimio...34
Premier après chimio..36
Chut ça tombe...37
On rase les cheveux..38
Deuxième chimio...40
Ca va mieux..41
Une autre chimio...43
Dernière FEC 45
Gynécologue...47
Rachelle...48
Taxo..49
Fracas...51
Pèche retrouvée...53
Moral en baisse..54

Dur dur..55
Chimio finie..57
Anniversaire..59
Combat...60
Radiothérapeute..63
Scanner dosimétrie..64
Rayons..66
Décision...67
Douleurs..68
Vacances..70
Hormonothérapie..72
Gynécologue..74
Examens...75
Vacances..76
Travail..77
Année 2017 à 2018..79
Mammographie...83
Biopsie...84
Résultat...85
Oncologue...86
Chirurgienne...89
Couic la tête deuxième service.........................90
Vacances.forcées...92
Travail..93
La vie après...95
Alain...99
Remerciements...108
Photos..113

FIN

QUELQUES PHOTOS
DE MON FRERE
PHOTOGRAPHE

Olivier Seguin photographe
33 rue Saint Simon
33390 Blaye
olivierseguin.photographie@gmail.com

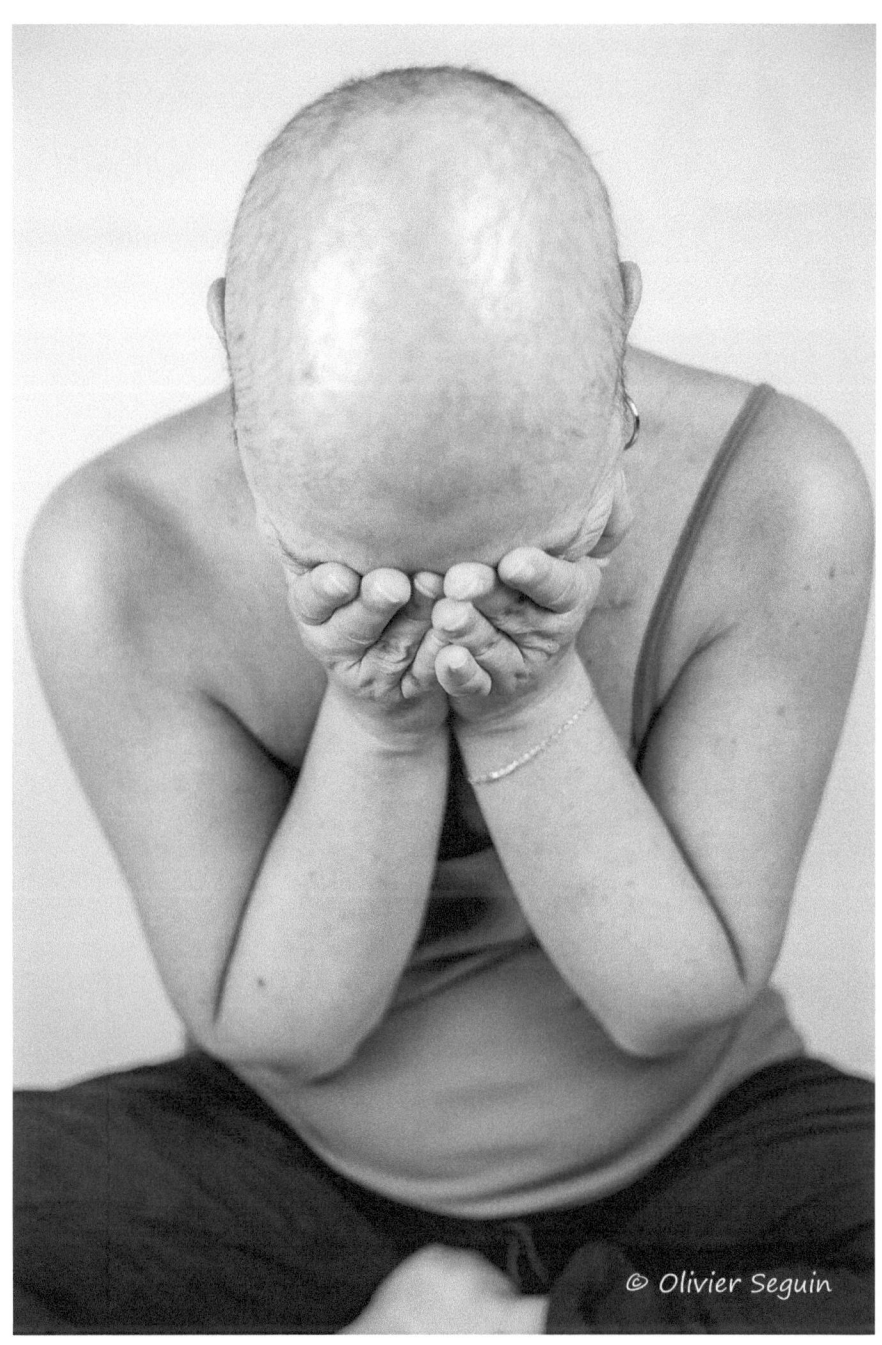

Avec ma soeur

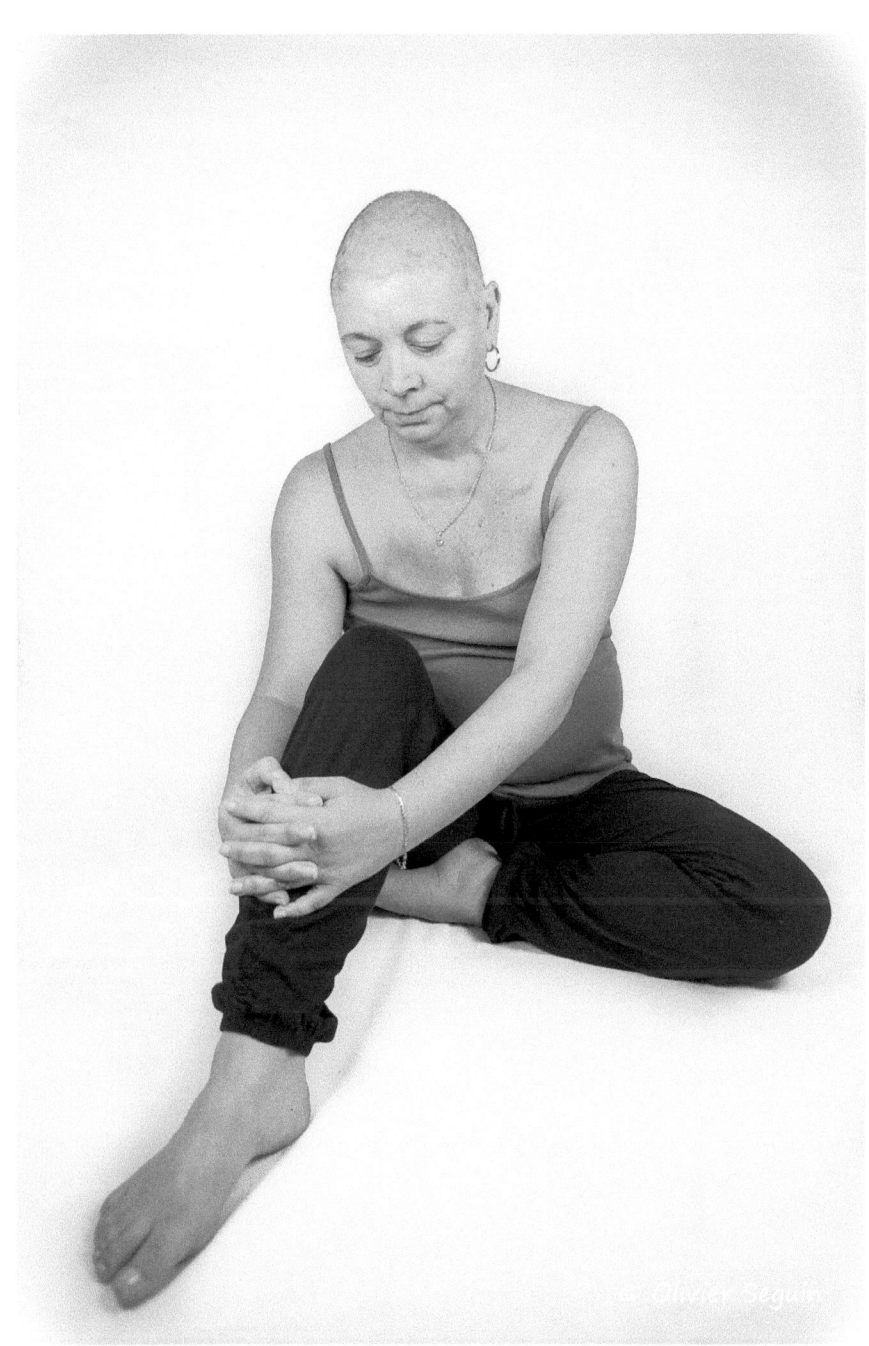

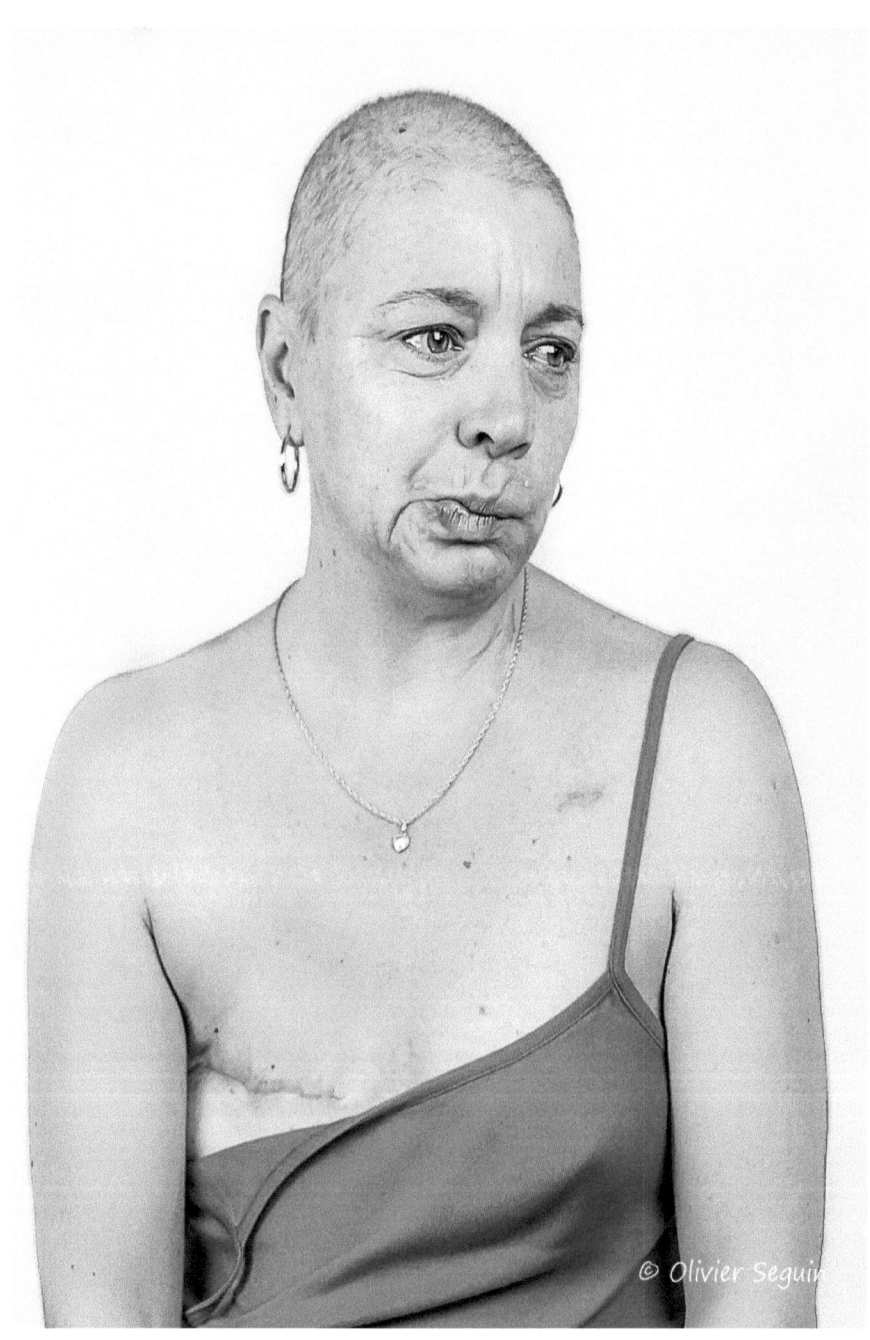